JN243572

小へぎり
屋根紀行

上毛新聞社

はじめに

私が鋸《のこぎり》屋根を初めて見たのは、新聞掲載の小さい写真でした。その写真が気になり、実物を見に行った私は驚きと感動で、その場に立ち尽くしていました。時が止まってしまったかのような光景の中に立つ鋸屋根は、大地にゆったりたたずんでいました。工場とは名ばかり、建物から溢れ出る迫力と造形美、そして内部空間は私を虜《とりこ》にしました。その日から私は「鋸屋根に魅せられて」1棟1棟の歴史を刻み込むように、写真に収めてきました。「たかが工場されど工場」と、全国に残る鋸屋根を探し、撮影した棟数は、三千棟以上になります。全て織物関係の工場です。訪ねた場所は、北海道と沖縄を除く各県です。ここに紹介した鋸屋根たちは、各地方の特色と思い出深い物を選びました。

写真集とは一味違う、鋸屋根に魅せられた写真家の「のこぎり屋根紀行」を、ゆっくり旅して下さい。

鋸屋根（のこぎりやね）とは

鋸屋根とは、屋根の一形式で鋸の歯の形をしたギザギザ三角屋根をいいます。彩光面（ガラス面）から光を採り入れ、工場建築に用いられます。通常ガラスは北側に設置し、天候に関わらず一定の明るさが得られる、という大きな利点があります。

英語では、saw-toothroof といい、この屋根からなる工場を nooth-light shed（北光線工場）とか、weving shed（織布織物工場）と呼びます。

今源織物（群馬県桐生市）

目次

第三章　近畿・四国・九州地方

第一章　関東・東北地方

1

街道に歴史あり

東京都青梅市

東海道、中山道、日光街道、奥州街道、甲州街道は徳川家康が定めた、幕府直轄下の五街道です。

最初に道があったのではなく、生きるための生活が道をつくり、道が人間の生活を支えてきました。道はいずれの時代にも、人々の生活と共にあり、街道の歴史を語ることは、人間の歴史を語ることでもあり、文化を語ることでもあるわけです。

そこで私が歩いてきた街道と、共にある産業を築き上げてきたのこぎり屋根工場を紹介します。

多摩川を挟んで、青梅街道と吉野街道は並行に通っています。多摩川の上流に沿って歩いていくと、釣り好きにはたまらない、鮎や山女海のすむ渓流が、山と共に出迎えてくれます。そして私を出迎えてくれたのは、山に囲まれ、ひっそりたたずんだ鋸屋根、カラーで紹介できず残念ですが「あっぱれ！」の一言です。

坂利織物（青梅市）

工場の脇にある細い路地を入ると、また階段があり、母家になっていました。訪ねると「なにか御用かしら」と品のあるお婆さんが応えてくれました。

「4連の鋸屋根は大正15年の建築で、青梅縞《しま》を織っていましたが、後に夜具地を生産して、昭和60年に操業を停止してからは、そのままになっています。だから荒れ放題なんですよ。昔はこの周辺にも、数件の織物工場があり、ガチャマン時代は賑やかでしたよ。こんな物でよければ好きに写真写して結構ですよ」

とほほ笑んで、私を受け入れてくれました。

幕末から約50年、上州、秩父、信州、甲斐から生糸が八王子に集まりました。さらに生糸は、諏訪・片倉、鑓水峠田端、原町田、長津田などを経て横浜へと運ばれました。この道こそ全長約35ｋｍの日本のシルクロードです。現在の国道16号の前身です。その横浜から海を渡り、生糸、絹糸が

坂利織物の内部

国の主力輸出品となりました。

日本のシルクロードは「絹が往き」「文化が通う」交易路、新しい国造りのために「絹の道」は貢献したのです。そう思うと、先人が築き上げてきた日本の文化は、まさに街道にあるように思います。街道に歴史あり。

余談ですが、先日ラジオで、山梨県甲府育ちのおじさんが、孫と横浜に行ったとき、会話の語尾にジャンを付けているので、親しみを感じました、と言ってラジオのアナウンサーを驚かせていました。「ジャンと言えば、横浜か横須賀なのですが？」におじさんは驚き、「昔から甲府や信州ではジャンだよ、横浜が真似をしたんだよ」と言い、一同爆笑していました。笑い事ではなく、これも日本のシルクドーロが運んだ証だ、と思わずラジオに向かって叫んでしまった私でした。

坂利織物の外観

2

青梅街道はシルクロード

東京都青梅市

旧吉原紡績（青梅市）

多摩川に沿った青梅市には、東西南北に、青梅街道、奥多摩街道、吉野街道、滝川街道、秋川街道、成木街道、小曽木街道と街道のパレードです。

主生産品の夜具地をはじめ、「織物のまち」として全国にその名をはせた青梅市。その中核を担った青梅織物協同組合を訪ねてみました。ここには昭和22年建築の、木造4連の鋸屋根が、保存、再生されアートスペース「サクラファクトリー」として生まれ変わっていました。かつて青梅周辺には、５００棟近くの工場があったと聞き、数からも当時の繁栄ぶりがうかがえました。

私が調査撮影した限りでは、大半が昭和20年代～30年代建築の、2～5連の木造の鋸屋根です。かつての棟数からすると、もう少し大きな規模の工場があるような気がして、再度訪ねてみました。高層マンションの裏道を抜けて、ビックリ！しばし目が点になりました。いきなり広大な敷地

「サクラファクトリー」に生まれ変わった鋸屋根

の中に、なんとも横長のカメラに収まらないくらいの、8連の木造鋸屋根工場が、姿を現しました。

私の勘は的中でした。工場の敷地周辺は、分譲地になっており、新築の住宅が数棟立ち並んでいました。

この敷地内では、月に何回かフリーマーケットが開催されるらしく、この日は、その準備の人が来ていましたので、工場の持ち主を紹介していただき、お話をうかがうことができました。

写真の鋸屋根は、大正8年建築の旧織物工場です。現在は材木関係の工場に貸している、とのことでした。

すでに取り壊され、見ることはできませんでしたが、8連の手前には、大正14年建築のれんが造りの鋸屋根があったそうです。敷地内には川が流れ、染色工場もあったということです。すでに先代が亡くなり詳しい事はわからないけれど、女工

8連鋸屋根・旧吉原紡績

さんの寮もあったようです。

広大な敷地の中に、時代の風雪に耐えた、のこぎり屋根の建物群がひっそりとたたずむ。まちの活気や変遷を見詰め、永く人びとの営みを支えてきた織物工場「のこぎり屋根」。

敷地の奥に、小さい1連の鋸屋根が、かつて染色工場だった建物に寄り添うかのように私には見え、日が傾いて暗くなるまで、この場所から動けない私でした。

染色工場として使われていた建物

3

谷中のリボン工場

東京都台東区

旧千代田リンボン製織（明治43年築）

台東　区谷中三丁目、文京区との区境を走る「よみせ通り」を歩くと商店街のど真中に、どっしりした5連の鋸屋根工場が見えてきます。私が出合ったのは、平成15年の夏でした。工場名は旭プロセス製版でした。

最初に訪ねた日は「社長さんが留守なので、撮影とかは後日にして下さい」と断られ、2回目も留守でしたが「建物は借りているだけなので、外からなら撮影してもいいです」と許可をもらい、3回目に訪ねた日は、社長さんとお姉さんから工場の話を聞くことができました。

「昭和3年ごろ、工場の半分を先代が借りて印刷業をしています。子供でしたから、はっきりした記憶は残っていません。建物のことは地主さんに聞いた方がいいんだけど、難しいなあ。難しいのよ」

と言われました。

数日後に訪ねると「運がいいですよ。今日は地

クレーンで、鋸屋根の骨組みである三角のトラスを持ち上げる

三角のトラスから、太陽の光が差し込み、別れを告げました

主さんがいますよ」と言われ、門前払いを覚悟で訪ねてきました。「当時を知る人は地主さんしかいません。話を聞かせて下さい」と頼み込むと「もう90歳も過ぎて、ボケちゃってるから、昔の事は覚えてないよ」と言いながら、次のように話をして下さいました。

工場は明治43年設立で、「千代田リボン製織」工場経営者は、大財閥、渡辺右衛門の四男、渡辺四郎です。織物の研究で渡仏し「東洋一のリボン工場をつくる」と帰国後建てた工場です。渡辺四郎氏は腕の良い職人を捜しており、私の父親が採用されました。詳しいことはわかりませんが、四郎氏は大正10年に亡くなっていますから、父親が受け継いだのは明治後半ではないかと思います。工

5連のうち1連のみの、部材は保存されました

場を譲り受けた時は、２８０坪くらいで約60人の職人がいたそうで、寄宿舎や洋館風の事務棟があり、大きな煙突もありました。私が後を継いだのは昭和初期かと思います。私の時代は戦争で爆弾が落とされ、工場は半分が焼け煙突も倒れました。その後工場はやりましたが、繊維業は不景気になり50年も前にやめました。

リボン工場を譲り受けた父親は熱心でしたが、私は長男だから継いだだけです。

「空襲で大半が焼けましたが、父親の代からある本棚があります」

何年も開けてないと見せてくれた本棚にはリボンのサンプルや見本帳、機械のカタログなどが20冊以上ありました。渡辺四郎氏が腕の良い職人（父親）に託した大事な遺品でした。

平成15年夏の終わり、谷中三丁目「よみせ通り」の鋸屋根／旧千代田リボン製織」は解体されました。

この数年、鋸屋根の解体を各地で見てきました。戦後70年以上になると、こうした工場を知る人も減少しています。解体して姿を消してしまうことは、その町の歴史も消されてしまう危機感があります。

古い建物のない街は、人格のない人間のようなものです。いやいや悲観ばかりではありません。谷中の鋸屋根は、地元で活動している仲間が「谷中のこ屋根会」を立ち上げ、持ち主の許可を得て、一部を保存しました。

先人の残した遺産の保存が、歴史性を活かした谷中の町並みの原資料として、魅力ある町のデザインとなるように、私も応援していきます。

クレーンで持ち上げ、屋根を組む。そんな夢が現実になることを祈る毎日です。

4

入間の職人魂

埼玉県入間市

細芳織物工場（入間市）

奈良時代に詠まれた万葉集の歌に「多摩川に　さらす手作り　さらさらに　なにそこの児の　ここだかなしき」という歌があります。この歌は手作りの布を多摩川にさらす、共同作業の時に詠まれたものです。

埼玉県を含む武蔵国には、朝鮮半島からの渡来人により、高度な織物技術がもたらされ、入間地方は古くから織物の産地として知られていました。「所沢織物」と呼ばれる地場産業の起源は、室町時代に始まり明治大正から昭和20年代までは、入間市のみならず、近隣の所沢・飯能・狭山・青梅の地域を含む入間地方の一大産業であったと言われています。大正時代には、力織機を使って生産が行われ、多くの機屋が生まれ、織物生産高が大幅に増大しました。しかし、昭和40年代から国内繊維産業は衰退の一途をたどり、いわゆる産地と呼ばれる地域の存在さえ、危うくなりつつあります。そんな時代にも負けず、当時の面影を残す「鋸屋根」の織物工場が入間市にあります。

5連の鋸屋根は「細芳織物工場」です。訪ねると、社長の細田さんが笑顔で「どうぞ遠慮しないで」と、気さくに工場内部を見せてくれました。一歩足を踏み入れた私は驚き、また見とれてしまいした。「偶然の再会」でした。

なんと織機はすべてベルト織機、しかもトヨタ自動車の元祖、豊田佐吉が大正時代に考案した織機、Y型織機が16台もありました。偶然の再会とは、宮城県栗原市にある「若柳地織」の千葉さんのことでした。東日本大震災で工場や自宅が全壊したが、織り機が残っていると修復し、12台あった豊田式鉄製小幅動力織機Y式の6台を甦らせました。ここに同じ織機がある。これは偶然ではなく会わせてくれたのだと思いました。

訪ねた日、工場は忙しく時間もなく、私はY式織機を撮影するのが精一杯でした。工場の歴史な

豊田式鉄製小幅動織機Ｙ式

どは聞けなかったので、後日取材をさせてもらいました。

かつて入間市は繊維の街でした。国内でも大きな製糸工場だった石川組製糸所を中心に、縫製工場、織物工場、染物工場など関連工場が多くありました。現在ある織物工場は、飯能に3軒、入間に1軒のみだそうです。その1軒が「細芳織物工場」です。創業は明治40年代後半、祖父の細田政治氏による手織機の工場が始まりです。昭和19年、父の細田芳太郎氏が独立して、現地に工場を建て創業しました。現在は3代目の細田和男さんです。

どんな思い出があるのか聞いてみました。細田さんは女3人男1人の長男です。工場には女工さんが大勢いて、小学校に上がるまで周りは女性ばかりだった、と微笑みながら話をしてくれました。Y型織機は大正時代のもので、生まれた時にはあったそうです。当初は和服用の着尺を織っていましたが、昭和35年ごろから着尺の需要が少なくなり、マフラーの製造を始めました。その後昭和50年ごろから、季節に左右されないインテリア関係の織物を始め、着尺の製造は中止しました。現在は国内外のブランドのマフラーなどを手掛けています。

Y型織機は、ゆったりした回転で味わいのある独特の風合を持つ織物を作り出すことができます。その魅力に引かれ、有名なデザイナーから注文がきます。今織っているのがそうです、と見せてくれました。ふわっとした感触は高級感がありました。ただY型織機の部品はないので壊れると苦労します、と言っていました。

豊田式鉄製小幅動織機Ｙ式

鋸屋根工場の方は、昭和19年に芳太郎氏が建てたもので、5連だったそうです。当時は大勢の女工さんが機織りをしており、周辺にも工場はあったそうです。

絣《かすり》や銘仙《めいせん》の話になると、先代が残した柄本帳などを見せてくれました。柄本帳の表紙は大正8年と記され、あの伊勢崎銘仙の柄見本でした。いろいろな柄の布地と説明が細かく記され、驚きました。大正時代には、入間市と伊勢崎市は織物関係にあったのです。絣の見本を見ながら細田さんは言いました。当時の技術は凄いですよ。図柄も綺麗で、真似はできても難しいです。先代の技術を活かし、恥ずかしくない物を残したいですね。リンゴ農家の木村秋則さんの実話本『奇跡の林檎』で、作る物は違うけれど、面白く自分とどこか似ている気がします。心が無ければ続かない、馬鹿になればいい、と言う職人魂かな、と微笑んだ細田和男さんは「入間の職人魂」そのもの。良い出会いでした。

5

別れは出会いの始まり

埼玉県本庄市

富士機工株式会社本庄工場の鋸屋根内部

工場が、またひとつ姿を消しました。

鋸屋根

1棟が17連の鋸屋根は壮観でした。

埼玉県本庄市中央にある「富士機工株式会社本庄工場」です。操業中の工場、解体工事前後の工場と、数回訪ね撮影をしてきた思い出深い鋸屋根工場です。

私が富士機工を知ったのは、鋸屋根が縁でした。「本庄市にも鋸屋根ありますよ」と本庄商工会議所から連絡をいただきました。すぐさま訪ね、実物を目にした時は感動と興奮でした。操業中の工場撮影では、担当者との窓口になって協力していただきました。

そして解体前日、再び連絡をいただきました。最後の工場撮影に同行した会議所の担当者は「残す、と言うことはできなかったけれど、鋸屋根工場は、本庄市の近代化に伴う地域の産業遺構として、貴重な文化遺産であることを知りました。これを今日まで活用保存された富士機工さんに、敬

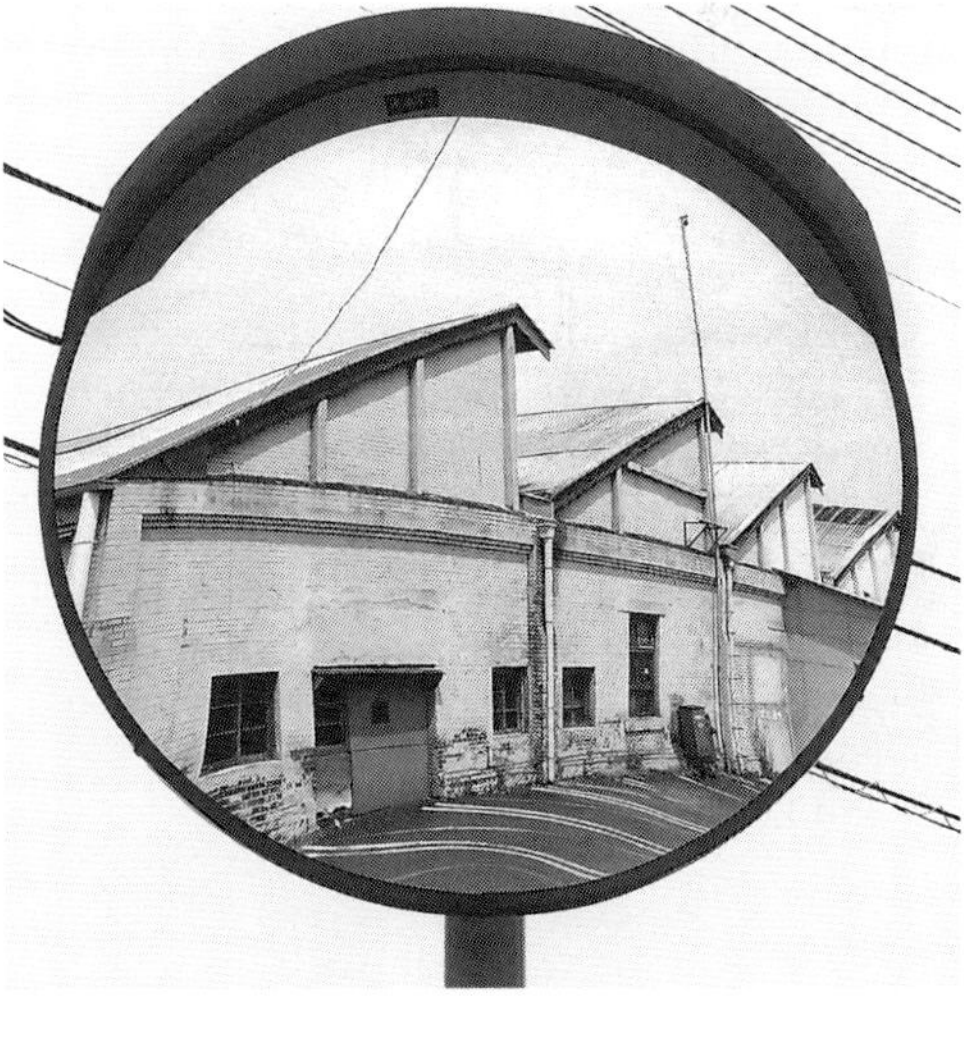

意を表すると同時に本庄市民にも伝え残します。吉田さんが言っていた言葉、たかが工場されど工場。その意味と、奥の深さを調査してみてわかりました。解体する前に、工場調査ができたことは感無量ですよ」と話していました。

　17連の鋸屋根工場が本庄市中央にあった事実と、その工場が本庄市で果たしてきた歴史は、日本の産業遺産として残し伝えられるでしょう。別れは、出会いの始まりです。

　富士機工株式会社本庄工場の名称は、合併改称等により戦前、戦後を通じて変化しています。工場の建設は、明治44年本庄町の瀬山吉平ほか数名による「合資会社本庄精練所」で蚕糸屑糸類を精練して紡績原料を製造。大正7年同所を拡張して「東洋紡績株式会社」が設立されました。そして、大正10年に東京に本社を置く「富士瓦斯紡績株式会社」に吸収合併され、本庄工場として稼動しました。

　戦後は「富士紡績株式会社」の名称に変更され、昭和38年に富士機工株式会社本庄工場となりました。約120mの距離に17列の鋸屋根があり、壁体は煉瓦《れんが》を用いたイギリス積みで四周を構築している1列目の北壁以外は戦後、モルタル

富士機工の外壁ペンキで塗られているが、壁体は、れんがを用いたイギリス積み

富士機工・17連鋸屋根

吹き付けの上に、クリーム色のペンキを塗っており、一見してれんが積みには見えません。屋根はトタン葺きで瓦などは使用せず軽量化していました。

この調査内容は、本庄市立歴史民俗資料館にうかがい、それを基に調査撮影したものです。解体工事中、増田館長を訪ね、話をうかがってきました。現在は工場に使用されたれんがを調べていました。

「平面がおよそ120×35m前後で壁面60段以上であることから、使用されたれんがは百万個の発注と推定され、余剰品のみで対応できたとは考えがたい」など、根気と情熱で話され、さらに「工場のれんがを資料館の庭に鋸屋根型に敷き、訪れた人が見て想像し知識を持ち帰る。こうした作業をすることで産業遺産は文化として残せると思い、手作業でやってます」と苦笑いし、「国が補助し、保存すべきなのですが、工場などは調査もせず、耐久年数を超え危険だからと解体してしまう。行政や国が体制を変えない限り、日本の文化は残せませんね。また訪ねて下さい」と別れた。

6

モダンな洋館建築

群馬県桐生市

金谷レース工業（桐生市）。現在は、「ベーカリーカフェ レンガ」として使用

通りから見ると、白い壁と赤れんがが目を引く、4連鋸屋根工場は金芳次郎（明治18年〜昭和33年）が、設立した工場です。明治時代は絹綿交織帯地を製造する、金芳織物でした。その後工場を移転し、大正8年にれんが造鋸屋根工場を設立しました。当初は5連のノコギリ屋根工場でしたが、鉄骨造のノコギリ屋根工場を新設するため、1連を撤去し4連になっています。当時としては珍しい「工員賃金規則」や「就業規則」を定め、男女工員70人、力織機50台で発足し、ゴブラン織りで名をはせました。

　ゴブラン織りとは、ウールやシルク、コットンを使ったタペストリーの一種で、つづれ織りともいいます。フランス・パリ出身のジャン・ゴブラン氏によって発明されました。歴史は古く13〜14世紀のヨーロッパでは、城や聖堂、邸館などの居室の装飾として発展しました。織り方は非常に繊細で美しい描写を可能とし、その美しさ、気品の

金谷レース工業時代の応接間

金谷レース工業時代の母家内部・左側は日本庭園

高さから王族や貴族に愛され、ベルサイユ宮殿などにも公式に使用されたそうです。クッションやカーペットなど室内装飾をはじめ、衣料やバッグにも取り入れられ日本でも馴染み深いものです。ゴブラン織りを見ると、金谷レース工業を訪ねた時のことを鮮明に思い出します。

れんが造鋸屋根工場の壁体はイギリス積み工法が用いられ、内部はれんがの上に漆喰を塗って仕上げてあります。事務所棟はれんが工場の後、昭和初期に増築され、窓や意匠がモダンな洋風建築です。全体を正面から、事務所棟（左側）と鋸屋根工場（右側）を比較して見ると、大正と昭和の時代流行の違いがわかり、興味を引く建物です。好景気だった頃、機屋の旦那衆は、いち早く時代流行を取り入れ中途半端な投資ではなく、ある種のぜいたく三昧にも見え、今ではうらやましい限りです。

私が訪ねた時、奥様からいろいろ貴重品を見せ

レース織機

ていただきました。昭和天皇が工場視察に来られた時、先代（昭和9年）が天皇に婦人コート地をお見せしている写真や有名な女優さんとの写真など、コレクションも半端ではなかったようです。あれから数年、金谷レース工業は操業停止、歴史に幕を降ろしました。

「主人の織るレースは綺麗で、誰にも真似できません。ですから主人が辞めた時点で操業停止です」と淡々と語った奥様の顔は、機屋の女将らしく凛としていました。

現在、工場はパン製造販売「ベーカリーカフェレンガ」店となり、れんが造鋸屋根工場は活用されています。

7

島村蚕種の流れ

群馬県伊勢崎市

旭産業・旧織物工場（伊勢崎市）

伊勢崎市は群馬県南部、関東平野の北西に位置し、首都圏から80～100㎞の距離にあります。

土地は火山灰地で水はけがよく、桑の成長に適し、古くから養蚕が盛んでした。江戸時代には太織の産地として知られ、明治以降には「伊勢崎銘仙」は全国的に有名になり、織物の町として発展してきました。

地図を片手に工場を訪ね、運よく工場長から直接話を聞くことができました。木造4連の鋸屋根工場は、昭和29年建築で、先代が織っていた絹織物工場（鋸屋根）は取り壊してしまったそうですが、女工さんの寮は残っていました。かつて、この周辺は、島村蚕種の流れで絹織物工場が数多くあったそうです。

「島村」のブランドで、遠くイタリアでも販売された島村蚕種（蚕の卵）。「蚕種」とは、養蚕に使う蚕蛾の卵、伊勢崎市境島村（旧佐波郡境町島

事務所棟から見える鋸屋根

村）は、幕末から昭和にかけて、特に明治期には蚕種の一大生産地でした。明治の初期には、約250戸の村のほとんどが蚕種を営んでいたといいます。堤防がなかった頃には、利根川が氾濫するたびに水が出て、庭が水に浸ったり床下まで水が来たなど日常茶飯事で、年に何回も洪水になったこともあったそうです。そういう土地では、普通の作物はできなかった。ところが桑は流れにくい。土地は水はけがよく、菌を洗い流すから蚕の病気が出にくい。蚕種にとっては利があり、島村に蚕種が興こった理由だそうです。

元治元（1864）年、蚕種輸出禁止令が解除になり全国で蚕種業者が急増し、島村では明治5（1872）年県内初の会社組織「島村勧業会社」を設立して、輸出の需要に応えました。明治11～14年が群馬県の蚕種生産はピークで全国の約半分を占め、2割弱は島村の蚕種だったといいます。

のこぎり屋根内部

　その後、輸出は途絶えましたが、養蚕自体は大正、昭和も盛んでした。太平洋戦争後、昭和30年代以降は養蚕農家は野菜栽培に転換し、桑畑も姿を変えてしまいました。「昔は桑畑が通学路だったから、学校帰りに桑の実をよく食べたよ。口が真っ赤に染まるから、舌を出しておどかしたり、よく食べたよ」と言っていた、伊勢崎市境の鋸屋根工場長の話を思い出しました。

「かつて町には、桑畑と鋸屋根工場があり、織物業は親から受け継ぎ、当たり前にやっていたけれど、時代の流れには逆らえず、織物は中断した。でも古い伝統の中に新しい物を取り入れ、何とか受け継いでいますよ。現状は厳しいけれどね」

　驕らず研究熱心な工場長、世代交替の手本のようでした。

帰る途中、見つけた鋸屋根駐車場に使用しているが、旧織物工場

8

親父の銘仙

栃木県足利市

足利市小俣にある鋸屋根

関東の山間地帯の町、伊勢崎・足利・秩父・桐生・八王子は、銘仙五大産地といわれ、昔から養蚕が盛んでした。銘仙の起源を探ると、天明8年（1788）の「絹糸重宝記」の太織紬の項に「目専太織《めせんふとり》」という織物の解説が見られ、他に比べ幅も広く、しっかりと織り上げた布地と評しています。

この後の「守貞漫稿《もりさだまんこう》」では、天保時代から「めんせん」がそれまでの玉紬に代わって着られるようになったとあり、またこれを「繭織」あるいは「めいせん」と言い鈍って「めんせん」となったもので、種々の縞物（茶地紺縞、紺地茶紺鼠縞等）があり、玉紬に比べて丈夫で埃が付きにくく、男女共にこれを用いるようになった、とあります。

明治5年、官営富岡製糸場が開設され、西洋の新しい技術の導入により、国内の製糸技術の向上が図られますが、これまでの座繰による製糸がすでに発達しており、特に群馬県では、明治時代末頃まで、この方法による製糸作業が7割を占めていました。江戸時代、東北地方から伝えられた座繰は、上州（群馬県）で改良発達し「上州座繰」と呼ばれています。冬場の現金稼ぎとして、農家のお婆ちゃんたちが納屋等の陽当りの良い一隅を仕切り「座繰」を回して絹の糸を取り、農業の合間に縞や絣を作って織る兼業農家でした。

工場は昭和14年ごろの建築で、敷地内には和洋館の主屋で、大谷石蔵と女工宿舎があり、当時の元機の姿を良く残しています。

何回か撮影させてもらい、お礼に写真を届けた時、いつもは無愛想な旦那さんが「上がりなさい。お茶にしよう」とコーヒーでもてなしてくれました。写真を眺めながら懐かしいなあと、昔話を聞かせてくれました。

親父は機屋の職人だったけど若い頃からモダンで、明治44年ごろ「三越タイムス」に、伊勢崎銘

ずっと眺めていたい鋸屋根の風景

仙の大柄模様が紹介されたことなどから勉強会と称し、東京に出かけてはダンスホールで縞銘仙を着てダンスを踊る女性を視察し、流行物を土産に持ち帰り、工場の皆に見せていたそうです。「銘仙は、意匠の新味と、地風の変化が歓迎される時代になるからと口癖のように話していたよ」と言いながら、親父の銘仙を見せてくれました。

大正末期から撚糸のポーラ糸やラペット糸入りの銘仙が現れ、人造絹糸のレーヨンが改良されるとそれが銘仙に用いられて、低価格の大衆的な製品も大量に作られ、さらに多種多様な銘仙が作られました。

昭和の初めになると、社会的不況から退廃的な風潮が生まれ、カフェやバーが賑わうようになり、そこに勤める女給たちが流行を作りだす存在になり、斬新な銘仙柄を競って求めて派手な銘仙柄が量産されました。また女学生専用の銘仙模様が作られたり、華やかな時代性が映し出されています。

見せてくれた「親父の銘仙」は点で丸文を浮かび上がらせた、赤紫地の銘仙の着物と洋風の花をあしらった茜色の羽織でした。鮮やかな色と温もり、親父の職人魂と息子の絆。そして鋸屋根工場。驚くほどモダンで開放的、軽快でリズミカルなデザインの銘仙を眺めていると、失いかけた日本人の自信を見せつけられるようでした。

昭和14年ごろ建築の鋸屋根工場の内部

9

アールヌーボーから秩父銘仙へ

埼玉県秩父市

秩父市にある鋸屋根

国際博覧会の始まりは1851年、ロンドンのハイドパークで開かれた「第1回ロンドン万国博覧会」です。日本政府が公式参加をしたのは、1873年ウイーン万博で日本館を建設しました。日本の展示館は、1893年シカゴ万博では宇治平等院ふうのもの、1900年パリ万博では法隆寺ふうのものなど、伝統的様式で建設され、エキゾチックな印象を与え好評を博したということです。明治・大正頃の博覧会では、フジヤマ・ゲイシャを広くアピールしたそうです。

日本国内の産業が整ってきた頃の明治33年、パリ万博の主要なテーマのひとつにアール・ヌーボーと呼ばれた美術運動がありました。それは意匠に植物的な動きを取り入れた独特な表現で、イギリスから発してヨーロッパ全土を巻き込んで展開した美術運動です。その一端が日本に伝えられるとアール・ヌーボーが流行し、その斬新な意匠が日本の着物の模様や工

秩父銘仙の柄

鋸屋根内部

芸の図案に取り入れられました。アール・ヌーボーやジャポネスクといった建築・美術に関する新しい流行を世界に広げたのも、万博がきっかけだったようです。その後１９２５年パリで開催されたアール・デコ博覧会、正式名「現代装飾美術・産業美術国際博覧会」で発表されたアール・デコは20世紀のモダンを象徴する様式として流行しました。

日本は、江戸時代に入ると、政治の中心は京から江戸に移り、政情の安定は人々の暮らしの中に娯楽や消費の拡大をもたらし、絹織物産地も活気づきました。鋸屋根工場の幕開けです。

織物の里、秩父を訪ねた時のことです。鋸屋根工場は、この数年かなり取り壊されてしまい、諦めかけていた時、山から2連の鋸屋根が顔を出していました。

近づくにつれ、大きな養蚕農家の敷地内に鋸屋根はありました。訪ねると、80歳になるという、お婆ちゃんから、話を聞くことができました。2連の木造鋸屋根は嫁いで来たときから、この家にあり、当時は「座繰」を回して絹の糸を取り、織物をしていたそうです。「かなり昔に止めてしまった」けど、「見せてあげますよ」と言い、母家から運んできた反物は、色鮮やかな「秩父銘仙」でした。関東地方西部から北部の山間地帯は昔から養蚕が盛んで、それに沿って織物も発達し、古くは秩父の「根古屋絹《ねごやぎぬ》」、桐生の「仁田山絹《にたやまぎぬ》」の名で知られています。そして、明治、大正、昭和の銘仙隆盛の時代を経て今日まで続いています。

銘仙の模様は縞に始まり、明治の初期になると細かい絣が入るようになりました。その後アール・ヌーボーが流行し銘仙にも影響しました。お婆さんが見せてくれた銘仙は、まさにそれでした。その後近代的なアール・デコ様式の明るく軽快で、平面と立体を融合させた近代的な意匠が、銘仙をよりいっそう流行らせました。「見てよし、着てよし、為によし」との宣伝文句のもと、女性の心を虜にし、世相とも相まって、銘仙大流行の時代を迎え、俗にガチャマンと織れば万金が入ったといわれる「ガチャマン時代」となりました。

秩父の鋸屋根から生まれた銘仙は、アール・ヌーボーの影響を受け、鋸屋根の内部構造の美は、アール・デコではないでしょうか。やはり鋸屋根は奥が深い。いい物を見せていただきました。

10

企業城下町

群馬県伊勢崎市

富士重工のれんが造鋸屋根工場

企業城下町と呼ばれる場所があります。これは特定の企業が存在することで発展した町のことであり、その地域に住む人々の多くが、その企業や関連会社に何らかの関係を持っているような町です。愛知県の豊田市や茨城県の日立市などは、その典型です。

企業城下町には、その繁栄した時代に工場の周りなどに町が形成され、都市から外れた場所であればあるほど、特定の企業と町の関係は顕著に現れるものと思います。たとえば企業名を由来とする町名もあります。苫小牧市王子町（王子製紙）、仙台市青葉区ニッカ（ニッカウイスキー）、高岡市鐘紡町（鐘紡カネボウ）、敦賀市東洋町（東洋紡績）、豊田市トヨタ町（トヨタ自動車）、池田市ダイハツ町（ダイハツ自動車）、津久見市セメント町（小野田セメント）等々、全国にあります。その反面、企業が移ったり産業が衰退したりすると、町の発展はストップし、一時期に繁栄し形成された町並みが残る、という現象が起きています。

写真の鋸屋根工場は群馬県伊勢崎市にありました。明治45年に旧上毛撚糸の紡績工場として建設された、れんが造（イギリス積）平屋建鋸屋根構造の建物です。昭和16年に中島飛行機製作所が買収して軍用機を製造しました。戦後は富士産業と改称してスクーターやバスの生産を開始し、昭和25年に富士重工業と社名を変更しました。鋸屋根工場は富士重工伊勢崎製作所第二工場となり、軽自動車「スバル３６０」が開発され「てんとう虫」の愛称で親しまれました。

私が訪ねたのは、10年以上前になります。伊勢崎市の知人から「吉田さんが気にしていた富士重工の鋸屋根が取り壊されるらしい、市民は保存を呼びかけていたのですが、時間の問題かもしれません」という連絡をもらい、慌てて訪ねて来ました。すでに工場は閉鎖され、解体工事が始まって

工場内部・キングポストトラス

いましたが、鋸屋根工場の方はまだ手付かず状態でした。撮影の準備は万端でした。撮影許可を得るために駄目で元々、まずは現場事務所を訪ねました。「なに？写真撮影？解体現場は危険だから駄目だ」「解体現場ではなく、れんが工場の方なのですが」「なに？忙しいから、さっさと写して帰りなさい」という口頭許可をもらいました。

広大な敷地内に立つ鋸屋根は、解体を覚悟したかのように堂々とたたずんでいました。れんが造鋸屋根工場は、れんが外壁とキングポストトラスによる木造小屋組によって構成された、典型的な工場建築です。平屋建て軒高約3・8m、平面61・48m×34・24mの約2、105㎡の床面積の規模だったそうです。

工場内部の機材はすべて撤去され、この広い空間と油の匂いだけが残っていました。静まり帰った工場内部鋸屋根から差し込む光はやさしく、長い歴史にピリオドを打とうとしていました。

撮影から約10年後、新聞掲載がありました。富士重工業は、工場移転に伴い、平成13年9月をもって閉鎖していた旧伊勢崎製作所第2工場の解体撤去工事を平成15年4月に完了しました。伊勢崎市内の多くの建築物が戦災で焼失した中、同工場内に現存していた赤れんが造鋸屋根の建物は、建築物としての歴史的価値も高く、地域の人々からも保存を求める声もあがっていたことから、スバル360発祥の地の工場であるれんが壁の一部をモニュメントとして工場敷地内に保存することを決め、工場の解体撤去工事と併せて移築工事を完了しました。現在は工場跡地にできた商業施設の一角に、赤れんが東外壁面の一部が移築され、高

赤レンガ壁面の一部が移築され、モニュメントになっている

さ6・5m、全長29mのモニュメントとして保存され、鉄製扉や補強金具も保存され「スバル360誕生の地」モニュメントとして一般公開されています。

11

「一期一会」そして再会

群馬県吾妻郡

光山製糸工場（吾妻郡）

群馬県の郷土かるたに「繭《まゆ》と生糸は日本一」とあるように、群馬県は昔から養蚕が盛んでした。

中之条町は群馬県の北西部に位置し、新潟・長野県に接する県境にあります。町域の約80％以上を山岳地帯で占め自然美にあふれています。かつてはほとんどの農家が蚕を飼い、繭を売って生計を立てていました。繭の収穫は天候などに大きく左右されます。人々は飼育の工夫や道具の改良を試みる一方で、繭の豊作を神様に祈りました。蚕は「おこさま」と呼ばれ「蚕＝天の虫」と書くように人々にとっては神様そのものでした。農村には養蚕にまつわる行事や信仰が色濃く残っています。現金収入が少なかった時代の貴重な収入源で、養蚕は大切でありがたいものでした。養蚕の繁栄とともに製糸工場も地域の大事な職場でした。

そんな中之条町にある鋸屋根を探索したのは、10数年前です。道路から少し入ったところで、突然、姿を見せてくれました。鋸屋根の形を見て驚きました。今まで見たことのない屋根です。持ち主を訪ねて再び驚きました。元内閣総理大臣、小渕恵三氏の兄が所有者で、訪ねた当時は中之条町の町長、小渕光平さんでした。気さくで明るい奥様から撮影の許可をもらい、撮影開始です。その日は前日の雪が残り、泥まみれになりながら夢中でした。見かねた奥様から「少し休憩しなさい。お茶でも飲んでからにしなさい」と招かれました。「工場の詳しい事は調べておくから、雪が解けたらまたいらっしゃい。一期一会を大切にね」と、ありがたい約束をしていただきました。

3月下旬、写真を持参し再度訪ねました。「一期一会のお礼に来ました」と挨拶し、写真を見せると「それを持って町長室に行きなさい」と地図を渡され役場に向かいました。待っていたかのように出迎えてくれた町長さんは、小渕恵三元総理

珍しい形の鋸屋根

を一回り小さくした容姿でした。写真を見せると「よく撮れて、よい写真だね。額に入れよう」と微笑み「家内に連絡してあるから、自宅で話を聞きなさい」と再び戻り、話をうかがいました。

明治37年生まれの祖父（小渕光平）が19歳で小渕製糸所を創業。大正12年に光山社小渕製糸所を設立し、昭和33年に逝去。同年長男が小渕光平を襲名し光山製糸に入社。翌年二代目社長に就任。昭和36年光山社グループを立ち上げる。製糸工場には二十数人の女工が働き寮もあり賑やかだった。製糸工場は地域の職場の花形だった。多くの女性が活躍し、熟練の技が作り出した糸の束には「金鳩印」の商標が付けられ、艶やかに輝く糸は宝石のようだったという。

その絹糸を見せてもらった。黄金色に輝く様は神々しく見えました。その後農業人口の減少や化学繊維の普及で衰退が進み、操業停止となりました。工場には煙突があり、これも町のシンボルだったようです。数回通った記憶があります。平成20年、小渕町長逝去。製糸工場も解体され姿を消しました。「一期一会を大切に」。今も鮮明に覚えています。製糸工場の歴史は日本の産業遺産として写真に収めてあります。

光山製糸工場事務所棟

12

北緯37度30分

福島県会津若松市

原山織物工場、雪がとけ藍染された糸がほしてある

春は一気にやってくる。長い冬を耐えた各種の木々が、梅も桜も一斉に花を咲かせ、山菜もまた、一斉に芽を吹く。そして秋は、徐々に山から下りてくる。見事な紅葉の帯が段々に山裾へと移り、目にも鮮やかに秋の深まりを告げる。そんな暮らしのリズムが東北らしく、もちろん冬の長さ、厳しさを抱えているからこそだろう。

「みちのく」福島県は、東北の中で都に最も近い東北の先進地帯で、養蚕、絹織物の集散地として、奥羽街道の宿駅、阿武隈川舟運の起点として繁栄した町です。福島駅は、明治20年に開設され、当時の駅舎は小さな木造平屋建てで、上野までの料金は、三等1円66銭で、所要時間は9時間20分だったそうです。今は東北新幹線なら、東京から1時間そこそこですから、やっぱり新幹線とは、すごい乗り物です。

現在、福島市内には織物工場はありません。かつては大きな製糸工場があったそうです。私は、会津鉄道に乗り東北の鋸屋根を追いかけて木綿の町、会津若松に行って来ました。

木綿の栽培は、もともと北緯37度以北では、地理的に困難といわれてきました。ほぼ北緯37度30分に位置する会津若松地方での木綿栽培は、いわばその北限への挑戦だったのです。関東地方以南の、温暖地の木綿織とは、気象上の成り立ちが異なるぶん、この地の人々の木綿織への愛着は強かったようです。

会津木綿織の始まりは、江戸時代の寛永20年（1643）ごろといわれています。当初は藩士の妻女の手内職として始まり、商品として広く出回るようになったのは、明治期、紡績糸が登場してからで、その明治後半以降に専業の木綿機業場ができ、大正年間には、手織りが力織機に変わり生産は飛躍的に増大したそうです。昭和初期には会津若松に、50から60軒の機業場があったそうです。現在は2軒が創業していましたが、訪ねてきました。只見線に乗り換えて、西若松駅で下車、うろうろ歩いていると聞こえて来ました。例のガッチャン、ガッチャンです。原

会津木綿は、ベルト織機で織られる

山織物工場「四百年の伝統会津もめん」の看板が歴史を物語っていましたが、鋸屋根ではありませんでした。話をうかがうと、「会津は綿だけですよ、会津木綿は単純素朴な藍染縞柄を特色とし、藍一色の濃淡を縞柄に染め分けるだけの、単純そのもので、古くから東北地方の農家の人々の、専ら日常着として愛用され、野口英世も少年時代はこの会津木綿を着用していたのですよ。時代の流れとともに、木綿だけの着用は減りましたけれど、雪深い会津の風土で染め、織り上げてきた素朴な伝統は残し伝えたいですね」と話して下さいました。

なんとも暖かい気持ちをいただいた私は、隣駅

七日町まで歩き、山田木綿織元を訪ねました。こじんまりした木造平屋の店舗では、小売りもしていました。工場は敷地奥にあり、お願いして見せていただくと、鋸屋根ではなかったのですが、20数機のベルト織機があり、屋根からの採光を取り入れていました。鋸屋根の話をしたところ、「会津では見たことがないですね。木綿織は昔から、東北地方の農家の作業着で、各農家でも機織りをしていましたから、企業のような大工場はないですから、それと積雪でしょうね」と話をして下さいました。

20数機のベルト織機を動かす２人の女工さんは、すごい

13

3・11 原発事故と川俣の鋸屋根

福島県川俣町

5連木造の赤い屋根氏家さんの鋸屋根

川俣町は福島県の北東部に位置し、福島市内から約20㎞離れ周囲は山に囲まれた盆地です。町の歴史は古く、慶長年間（1596年〜1615年）から生糸や絹織物取引の市が立ち、江戸城御用の川俣絹を生産するなど、国内では有数の絹織物産地に発展し、明治、大正、昭和の時代には輸出花形商品の羽二重を織り出しました。

　川俣町の名称は、伝説または古記によれば、機業の祖、小手子姫の御名より出たるもので、この地方を小手郷といい、川俣の地名もまた小手子姫の郷里、大和の国（奈良県）高市郡の川俣の里にちなんで命名されたと伝えられています。「小手子姫」とは、今から1400年の昔、崇峻《すしゅん》天皇の妃、小手子姫は、政争によって蘇我馬子《そがうまこ》に連れ去られたわが子を探して川俣にたどり着き、養蚕に適したこの地で養蚕と糸紡ぎ、機織りの技術を人々に教えたと伝えられています。

　私と川俣の縁は、とてもユニークです。知人の紹介で、エフエム福島で「一枚の写真」という番組を担当している歌手の「ヨシダケイコ」さんと写真家の「ヨシダケイコ」がコラボレーションしたら、同姓同名で面白いと誘われ出演しました（平成20年）

　一枚の写真にまつわる話をする構成でした。「初めまして、ヨシダケイコさん。ヨシダケイコで

川俣の震災に耐えた鋸屋根

す」。初対面でお互い吹き出してしまい、楽しい時間でした。私の一枚の写真は、鋸屋根です。福島県もかつては養蚕や絹織物で栄えた話をしたり、ケイコさんのギター演奏と歌を、ケイコが聞きました。番組終了後、ケイコさんから「実家の近くに縫製工場があるから、川俣方面に鋸屋根あるかもしれません」と情報をもらいました。後日ケイコさんから「鋸屋根を見たいなら、車で案内します」と連絡をもらい、ダブルケイコで鋸屋根探索をし限られた時間内でしたが、10数棟を確認しました。その後、私は数回川俣を訪ね鋸屋根を撮影したり、持ち主さんから貴重な話を聞くことができました。

平成23年3月11日（金）14時45分、私は新千歳空港にいました。ミシッと音がし突然大きく揺れました。空港からは揺れについて放送もなかったので、電車で札幌まで行きました。札幌駅構内は大騒ぎ、掲示板には「東北関東大地震M８強」。

震災に耐えた鋸屋根内部

川俣市内にある鋸屋根工場

間もなく電話やメールはつながらなくなりました。地震、火災、津波、原発これらすべてが災害を拡大させました。ヨシダケイコさん、鋸屋根の持ち主さんたちを、私は祈ることしかできませんでした。

平成25年2月、私は川俣を訪ねてきました。福島駅からバスで川俣に行きます。町を歩く人は少ない。外出は放射線濃度を測るメーターで毎日測定して、それを見ながら判断すると話してくれました。赤い屋根の5連木造の鋸屋根は健在でした。持ち主さんにも再会でき、安堵しました。

地震の話になると「鋸屋根はびくともしなかったよ。むしろ母屋の屋根瓦が落ちたね。地震だけならやり直せる。あの原発事故はお手上げだね。でもよく来たね。今回は内部を見せてあげます」と案内され中に入ると、彩光面から柔らかい光が差し込んでいました。持ち主さんは言いました。「自分が元気なうちは壊さないから。鋸屋根を心配してくれた人などいないからね」

「ありがとうございました。また来ます」

私の方が励まされたような再会でした。

14

震災から甦ったベルト織機

宮城県栗原市

豊田式鉄製小幅動力織機（Y式）で機織りをする千葉さん夫婦

友人から新聞の切り抜きが届きました。〝宮城の「若柳地織」震災越え、大正の豊田式織機で綿々〟という見出しで、東日本大震災では内陸の栗原市は津波の被害はなかったが、震度7の揺れで作業場や自宅は全壊した。よりどころを失いかけたが、織り機が残っている、と修復にこぎつけ、昨年（二〇一五）末に本格的な操業を再開している、と記載されていました。

　友人のメモに、もしかしたら工場は鋸屋根ではありませんか、吉田さん知っていますか、と書いてありました。私の知る限りでは、東北には各地方の織物はありますが、鋸屋根を確認しているのは福島県だけです。この新聞記事がずっと気掛かりだったので、若柳《わかやなぎ》地織《じおり》・千葉孝機業場さんに連絡をして訪ねて来ました。

　いつもの様に地図を片手に、仙台駅から東北本線に乗り石越駅下車です。石越駅からは、くりはら田園鉄道、通称「くりでん」に乗り2つ目の若柳駅下車が近いのですが、くりでんは平成19年に廃止になり、歩くことになりました。地図上では、本吉街道（4号）を迫川方面に向かい約2・5㎞です。梅雨入りした東京は雨でしたが仙台は晴天で暑く汗だくです。

　歩くこと約

若柳地織織元の建物

30分、まだ見つけられず、刺繍《ししゅう》と書かれた店先にいた女性に尋ねました。すると「姉の嫁ぎ先です。少し手前の道を右に入るとありますよ」とほほ笑みながら教えてくれました。道路は舗装され、周辺の住宅にも震災の爪跡は見えませんでした。その先に木造平屋建が見え、近づくと外壁に「若柳地織織元」と書かれ、凛とした佇《たたず》まいでありました。そこに見えた物は、職人の意地と生命力と優しさでした。眺めていると「お待たせしました、どうぞ」と若柳地織の千葉さん夫婦が出迎えてくれました。

石越駅から歩いて来たことに驚かれ、偶然にも途中で道を尋ねた刺繍店が、奥さんの妹で実家でした。偶然とはいえ、ここより先に奥さんの実家に寄ったとは何かの縁ですね、などと和やかに話をうかがえました。

若柳地織は、千葉さんの祖父が創業した「千葉孝機業場」で生産する綿織物です。大正期に製造された豊田式鉄製小幅動力織機Y式を使い続けているのは、3代目の千葉孝順さんです。

「内陸の栗原市は津波の被害はなかったけれど、震度7の揺れで染色用作業場や自宅は全壊。織り場は柱が折れ、梁を支える部材が落下し、12台の織機は崩れた梁の下敷きになった。今まで震度6の経験はあったけれど、7になると恐さが違った」

と織り場を案内しながら話してくれました。

「現状を見た時のショックは大きかったけれど、修復すれば使える状態で残ったのが幸いでした。壁に筋交いを入れ、柱や梁を補強し梁の下敷きになった織機の部品を付け替え、なんとか6台を甦らせました。初代から100年も働き、震災も乗り越えたY式織機、機械は古く部品もほとんど残っていないのが悩みですが、若柳地織は、この機械でしか出せない独特の風合がありますから、手は掛かりますが我が家の宝です」

と動かして見せてくれました。電源を入れると一つの動力で工場にある機械すべてが、天井にはわせたベルトを通じて、バタン、バタン、ガチャ、ガチャンと動き出し、テンポの良い機械の音が響き出すと、千葉さんはY式織機で作業を見せてくれました。傍らで作業する奥さんは、「嫁いできてから見よう見まねでやってきましたから」と言うものの、リズミカルな動きは二人三脚の証と私には見えました。

二〇一五年末に操業を再開して名古屋の物産展に出展すると、トヨタテクノミュージアム産業技術記念館の職員が、「豊田式織機で織られたのですか？」と感心を示し訪ねて来られたそうです。「豊田式鉄製小幅動力織機Y式は、大正4年から同12年にかけて製造され、約4万3千台を生産。記念館には展示してありますが、どのくらい残っているか把握できないので、現在6台も使用されていることを知り感謝します」と言われたそうです。

「うちには織り機が残っている。諦めたら申し訳ない」

千葉さんの思いは届きました。

豊田式鉄製小幅動力織機Y式

第二章　東海・北陸地方

15

教会は鋸屋根

静岡県磐田市

黒塗りの鋸屋根は教会に使用されている（磐田市福田）

東京駅から東海道新幹線に乗り、静岡を過ぎると、鋸屋根が見えてきます。

座席は、進行方向左の窓側に陣取ります。大井川、天竜川、木曽川沿線には、訪ねたい町があります。その一つである、天竜川の東側に位置する磐田市周辺の鋸屋根を紹介します。

磐田駅で下車すると、ジュビロ君人形が歓迎してくれます。駅前商店街の歩道には、ジュビロ磐田の選手などのサインと、足型、手型を焼き付けた陶板が埋め込まれています、といった具合に、駅前は再開発され、見渡しても鋸屋根はありません。

磐田は東海道五十三次のうち、江戸日本橋を出発して、第一番目の品川宿から数えて、二十八番目の見付宿です。東海道のほぼ中央に位置し、本陣や商屋が並び、宿の外には茶店があり、宿の奥にも民家や寺院、神社があり、栄えていました。

織物業の歴史も古く、天保年間に農業、漁業、製塩業の副業として、大和地方から雲斎織りの技術が伝わりました。明治初期まで、農家には手織機があり、機織りは副業として木綿布が織られていました。その後、生糸と綿糸を混ぜて交織布を織るようになり、チャンカラチャンカラと織る音がリズミカルなので、「チャンカラ機」と呼ばれていたそうです。生産された布は、中泉絣見付盲縞、掛塚縞などがあり、磐田市福田では遠州灘を航行する帆船向けに、帆布の製造が行われていました。

その後、明治中期以降、先覚者から輸入コール天を見本に研究を重ね、全国に先駆け、コール天、別珍の工業化に成功し、福田の機屋は一大産地として発展し、最盛期には浜松と併せ9割以上のシェアを誇ったそうです。福田の別珍・コール天製織は、気候風土（適当な湿気）にも恵まれ、特に別珍はこの方が良い製品ができたそうです。また、別珍・コール天は織布の後、特殊仕上げと他の織物に比べ複雑で、長い工程を要するのですが、福田は家内工業が多く見られ、織布技術の難しさが、中小規模工場に向いていたのであり、熟練した職人の技術が、独特の風合を生み出して、国内の人気を得てきた職人の町です。

磐田駅前でレンタサイクルを借り約10ｋｍ近くを回りました。駅前の再開発などにより、大きな工場は取り壊され、スーパーやマンションに変貌していました。かつての見付宿から西に向かう、通称姫街道を少し入ると、いきなり現われた7連の木造鋸屋根、現在は教会が使用していました。その周辺に、8連、3連、2連の鋸屋根があり敷地の中央は空き地、ここに鋸屋根があった頃を想像すると大きな工場だったと思います。

他に見当たらず福田を目指して約6㎞、驚きました。1連、2連、3連の小さく可愛い鋸屋根が、ほとんど自宅の敷地内にありました。訪ねてみると昭和20年から30年ごろの建築が多く、綿布

工場で大半が家族経営、昭和25年ごろは、ガチャ万景気、スー千景気などと呼ばれ、織物業は活気づいていたけど、55年以降は不景気で高齢化が進み、やめた家が多い。でも補修して使っているとこ

磐田市福田にある鋸屋根

ろもあり、そのせいか鋸屋根はクリーム色、水色、朱色のペンキに塗られ、採光面のガラスもあり、ちょこんと庭に立っていました。雑貨屋の鋸屋根は、自動販売機といっしょに並んでいたり、物置や駐車場になり、この町の鋸屋根は今のところ健在でした。

高齢化と不景気、かつて織物業で栄え、鋸屋根があった風景は、あとどのくらまで見られるのか、そう思うと急がなくてはと思い、約20棟をカメラに収めました。もう少し時間があれば、あと10棟以上はありそうで、心残りでしたが、近いうちに再度訪ねるから、と鋸屋根に約束しました。

大工さんの作業場に使用されている

16

織物記念館は断念

静岡県浜北市

日清紡浜松工場

私の母は毎朝、ＮＨＫの連続テレビ小説「とと姉ちゃん」を見るのが日課でした。時代が自分と同じ頃だから面白いそうです。ドラマでは主人公が昭和初期に浜松で生活していた様子を取り上げています。父親は浜松の染色工場の営業部長として描かれています。

母に付き合って見ていた時です。父親が勤めている工場が一瞬映りました。れんが造鋸屋根で大きな工場でした。私は母とは別の視点で工場を調べてみました。やはり遠州織物でした。浜松では、江戸時代に家内工業として始まった綿織物業が急速に発展、昭和９年には綿織物が３４２工場、染色が79工場など繊維関係の工場は全工場（２４５２）のうち５６２工場を数えるまでになり、昭和10年ごろの浜松は遠州織物の全盛時代で、まさに織物王国でした。私の想像ですが、鋸屋根工場の棟数も５６２棟以上あったかもしれません。

浜松を支えてきた三大産業は繊維・楽器・オートバイだと言われています。その中で最も歴史の古い繊維産業は戦後、価格の安い海外品に押され勢いを失い、広大な敷地を持つ多くの工場用地はさまざまな用途に転用され、ショッピングセンターになった場所もいくつかあります。

その一つに、日清紡浜松工場があります。現在はショッピングセンター「プレ葉ウォーク浜北」となり、シンボルだった煉瓦《れんが》には、概要と沿革が詳しく説明されています。私には忘れられない鋸屋根です。浜松の知人から中日新聞の切り抜きが届きました（平成16年）。「浜北市は、３月末で閉鎖した日清紡浜松工場の建物を織物記念館として保存する計画について、耐震補強に多額なコストが掛かり断念したことを明らかにした」という記事です。私は浜松市に問い合わせましたが、返答待ち時間がないので直接、日清紡に電話しました。

日清紡浜松工場に電話を掛けると、意外にも総務課につないでくれました。電話に出たのは所長さんでした。私は新聞掲載の内容や解体される前に撮影をさせて欲しいことなどを、一気に話しました。すると「すでに解体工事は進んでいますが、いいですよ」とありがたい許可をいただき、訪問しました。

工場は大正15年の生産開始以来、平成16年の閉鎖に至るまで78年間、地元である旧浜北市（現浜松市）とともに歩んで来ました。敷地面積は約10ha（約3万6千坪）あり、最盛期には従業員千数百人という日本の紡績分野の代表といっても過言ではない工場でした。大正15年第1工場完成、昭和3年第2工場完成で、共に鋸屋根工場でした。同工場には遠州電気鉄道（現遠州鉄道）からの引き込み線があったそうです。

昭和12年第3工場（鋸屋根ではない）の増築の際には従業員の能率向上を目指すため、色彩の研究をした結果、工場の外壁は白色と決まり、そのため、使用されている煉瓦は外壁面が白色に塗装されています。私が訪ねた時は解体工事が始まった頃でしたから、工場の外壁は白色で綺麗でした。

平成16年7月の撮影は今でもはっきり覚えています。矢作所長さんには、工場内は解体中で危険だから、とヘルメット着用で案内までしていただき、夢中で撮影しました。「鋸屋根を俯瞰で撮影したい」などと無理な注文までしてしまい「熱意に負けた」と屋根に登らせてもらって撮影しました。さらに内部も危険だからと、案内付きで撮影させていただきました。

所長さんは言いました。

「吉田さんが夢中になるように、弊社には歴史があります。先代が築き上げてきた財産を今は無残に解体の道を選択しました。市の方では、建物について調査をしていました。結果は建物を織物

日清紡浜松工場内部

記念館として保存する計画でしたが、資金的な事情によって断念しました。ですから弊社側は、早期にさら地にして土地の有効活用を希望した訳です。今日は吉田さんに付き合い改めて工場を見ました。織機を出した後の鋸屋根は凄い空間と、柔らかい光が差し込み、たいしたものですね。解体し姿を消しても写真は残りますね。楽しみにしています」

忘れられない言葉でした。同年8月、解体工事終了、平成20年11月オープン、プレ葉ウォーク浜北ショッピングセンター。

17

崑崙人(コンロンジン)が伝えた綿の種

愛知県蒲郡市

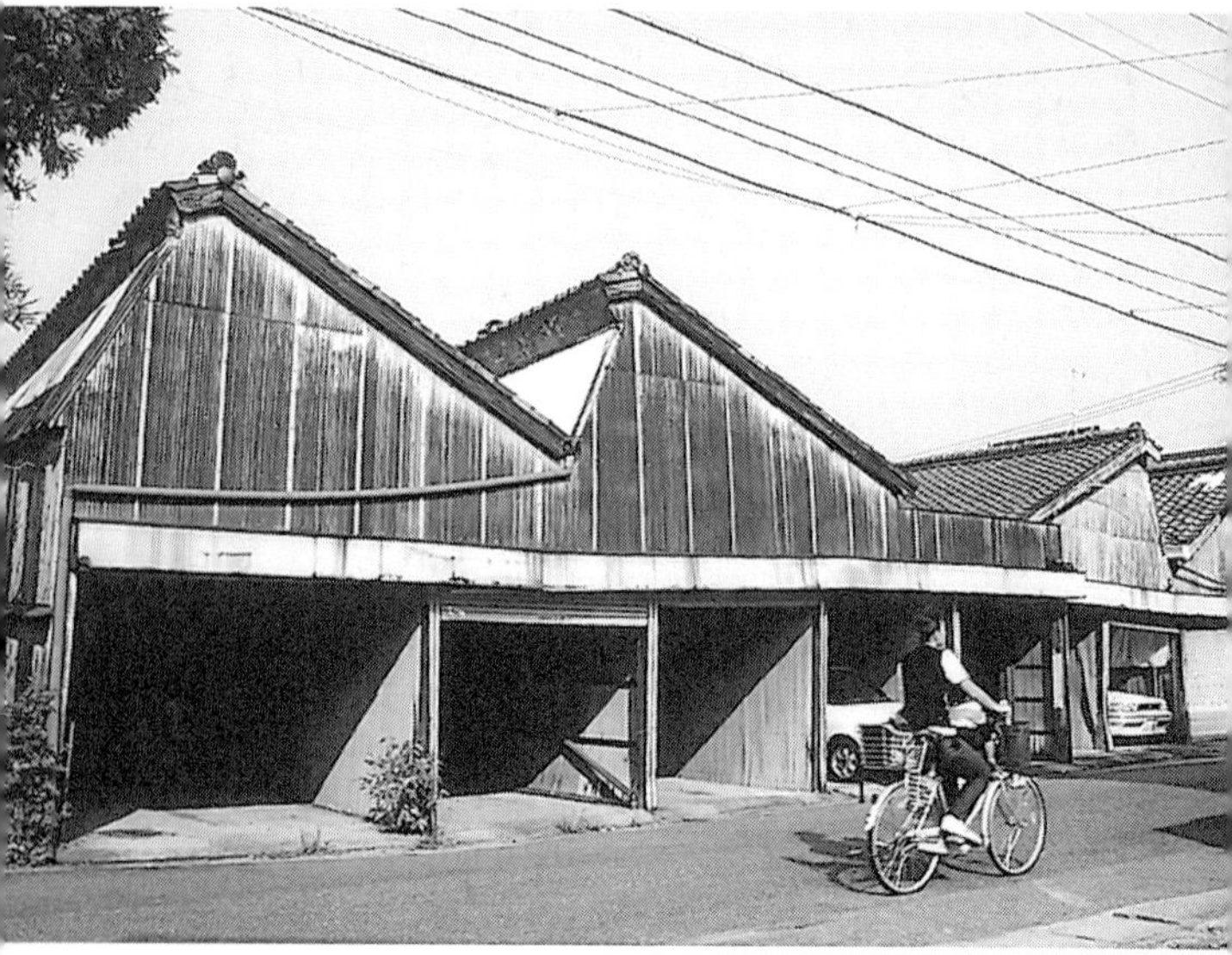

駐車場に利用された鋸屋根

「綿種」のわが国最初の伝来は、延暦18年（799）、三河幡豆郡（今の愛知県尾西市）に漂流した崑崙／コンロン人によるものでした。この綿種は気候風土に合わず、綿花は、繁殖しなかったそうです。

わが国の気候風土に合う良質綿花の伝来は、文明9年（1477）ごろに、中国から朝鮮半島を経て伝来した綿種の栽培で、以後1492年〜1520年にかけて、三河以西の温暖な地方に、綿作・織布が広まり、商品として流通していました。いずれにしても、漂流した崑崙／コンロン人が、綿種を持っていたことから始まり、江戸時代から昭和中期にかけて衣料繊維の中心であった「綿」は、室町時代後期から本格的な栽培が始まりました。暖かく丈夫であり、着れば着るほど、洗えば洗うほど、肌ざわりがよい「木綿」は、江戸時代から急速に促進されて、庶民の生活に欠かせない衣料となりました。

三河織物産地の中心は、愛知県蒲郡《がまごおり》市です。蒲郡は日本のほぼ中央部に位置しています。2つの大きな、渥美半島と知多半島に囲われ、温暖な気候と海の幸に恵まれた土地です。三河織物は、1200年もの歴史と伝統があります。とくれば、鋸屋根工場です。蒲郡市周辺には、一度では紹介仕切れない思い出と、鋸屋根工場があります。まずは一部ですが、紹介します。

私が蒲郡を最初に訪ねたのは、平成14年でした。蒲郡は早くから織物・繊維ロープ工業が発展し、昭和40年代には工業製造出荷のうち、80㌫近くを繊維関連が占めるほどになりました。その後は、ニーズの変化や工業の多様化の結果、相対的に繊維関連の比率も低下してきていますが、繊維ロープ製造業界においては、日本一の生産量を誇っているそうです。

では鋸屋根工場は、どのくらいあるのか想像しつつ、蒲郡駅で下車しました。駅前は整備され、

大型ショッピングセンターがあります。磯の香りが漂い、遠くに煙突が見えた瞬間、鋸屋根はある、と確信しました。宿の主人に相談すると、徒歩では無理だと、自転車を貸してくれました。

いざ出発です。蒲郡駅周辺の鋸屋根工場は、かなり取り壊されていました。海側の国道23号に出て、町中から住宅街に入ると、あるある、2連3連の鋸屋根が連続して私の前に姿を見せてくれま

した。細い路地に入るとガチャン、ガチャンと機織りの音が聞こえてきました。訪ねると、戦前からの工場で今は木綿織物工場でした。工場主は言いました。

「かつてガチャ万、コラ千の景気時には、この周辺にもたくさん工場があり、家に時計なんかなく、機織りの音が時計だったんだよ。二谷の方なら、まだ残って頑張ってる奴もいるよ」

と情報を得ました。現役の工場は少なく、駐車場や倉庫に使用されていましたが、個々の鋸屋根には同じ形の物はなく、9割近くが木造瓦葺、外壁はトタン、ブリキの鋸屋根です。採光面のガラスは少なかったのですが、その形も統一されてなく、おそらく継ぎ足した工場かと思われます。また、南向きの鋸屋根もあり、夏場は暑くて！と嘆いていた人もいました。

蒲郡の視察は、2泊3日を取り、自転車で回りました。三河三谷駅周辺を含めると出合った鋸屋根は80棟以上になり、再度訪ねることにしました。

18

消えゆくガラ紡を探して

愛知県東岡崎市

車の修理工場の入口（鋸屋根の骨組みを、モダンに使用している）

ガラ紡

と呼ばれる紡績技術を、ご存じでしょうか。従来の生産性の低い手紡ぎによる紡糸に代わり、効率的な紡績方法の考案で太糸を紡ぐことのできる紡績機械です。ガラ紡は、日本で発明された世界に類例をみない紡績法といわれています。

この紡績機械としての、ガラ紡績機を発明したのは、信州安曇郡金村出身の臥雲辰致《がうんたっち》（天保13年〜明治33年）です。臥雲とは珍しい姓ですが、旧姓は横山栄弥と言いました。20歳の時に出家し、26歳で臥雲山狐峰院の住持となりました。が、明治4年、廃寺となり還俗し、山名をとって臥雲辰致と名乗りました。小さい頃から、足袋底製織の仕事をする父親を手伝う傍ら、紡績機械の考案に没頭していたといいます。臥雲辰致は再び紡績機械の考案に取りかかります。そして2年後の明治6年、ふとしたことから、火吹竹の筒に詰めた綿を穴から引き出しながら回すと、糸になって出てくることに気付き、何回かの改良の末、機械を完成しました。明治9年でした。

このガラ紡績機を、明治10年、東京上野公園で開催された、第1回内国勧業博覧会に出品して「本会中第一ノ好発明」として最高賞に当たる鳳紋褒賞を受賞しました。

ガラ紡績機は、一度に何本もの糸が引けるように機械化したものでした。その工程は、混綿⇩打綿⇩撚子よりこ巻き⇩精紡⇩總揚げ、と洋式紡績に比べて工程が極めて少なく関連機械も少なくてよく、国内綿など繊維が短い綿に適していました。こうして臥雲辰致の発明した紡績機械は、一躍有名になり、三河をはじめ全国の綿業地帯に普及していきました。

ところで、この臥雲辰致の綿紡機は、当初からガラ紡と呼ばれていた訳ではないのです。運転中にガラガラと音をたてるため、いつしかそう呼ばれるようになったそうです。また、三河山間部では水車を動力に用いていたので「水車紡績」、矢作川下流では船のへりに水車をつけてガラ紡績機を運転してので「船紡績」と呼んでいたそうです。西洋から移入された近代紡績技術に対して「臥雲紡／和紡」とも呼ばれていました。

全国でガラ紡が最も普及・発展したのは岡崎、豊田、額田を中心とする三河地方でした。また三河地方は全国有数の綿作地帯で、紡績業の原料の綿花が豊富に生産され、江戸時代から大量の白木綿を江戸に送る綿織物の生産地帯でした。特に矢作川下流域で盛んに栽培され、知多木綿、三河木綿の産地を形成することになりました。知多綿織物生産地帯をはじめとし、多くの綿生産地帯があり、綿織物の原料である綿糸の需要が極めて大きかったからです。

ガラ紡は明治30年代後半ごろから生産高を伸ばし、昭和10年代には水力から電力へと動力の転換も進みました。昭和18年の戦時統制の実施時には、約半数の工場が転廃業となりましたが、敗戦後ガラ紡は衣料不足の時代に、ガチャ万時代と称される最盛期を迎えますが、紡績業の復興によりガラ紡は急速に衰退を余儀なくされました。現在は

漆喰壁がモダンに見える車の修理工場（旧綿布織物工場）

車の修理工場外壁はツタがからみ、アートに見える

地場産業として生き残っています。三河地方へは、鋸屋根を捜し数回訪ねている私ですが、残念ながら訪ねるたび取り壊され、姿を変えています。

矢作川、青木川、乙川の川沿いには鋸屋根がたくさんありました。ここで紹介する鋸屋根工場は、東岡崎駅から乙川沿いを徒歩20分くらいのところにあります。乙川を挟み、栄町、東明大寺町周辺は、かつて綿布毛織の紡績・紡織工場が多く集まっていた地域ですが、工場は見当たりません。

諦めかけた時、煙突が目に飛び込み同時に、鋸屋根も姿を見せてくれました。木造4連の堂々たる鋸屋根です。敷地内には他に平屋の工場と社宅もあり、当時のまま残っていました。訪ねると大正時代から、お爺さんが綿布織物工場を操業してましたが、辞める時譲り受け車の修理工場に使用しているとのこと。「昔は周辺に工場がたくさんあり煙突もあったけれど取り壊してしまい、残っているのは、ここくらいかな?残念だけど、ここも近々取り壊すんですよ」

間に合ってよかった、の私でした。

19

美濃の竹鼻・機場でござる

岐阜県羽島市

羽島市竹鼻にある鋸屋根

「おいで

おいで　おいで　この町へおいで
来たらついでに　機織っておいで
住んで　住みよい　暮しよい　美濃の竹鼻　機場でござる」（竹鼻・機場唄）

羽島市は濃美平野の西南部に位置し、西は長良川に接し、東は木曽川を境として愛知県に接し南は木曽・長良川の併流をなすV字形に囲まれ、市内全域が海抜5ｍの平坦地帯です。

この豊かなる水量は、地域住民を潤し「母なる川」として古来から人々に恩恵を与えてきました。しかし風水害による被害も数多く、苦労したのが木曽川の治水対策だったのです。治水から利水へ、そして親水へと努力を続け、農家の副業として産み出した織物から、羽島機産地となりました。水の被害の少ない桑を生産して養蚕から絹糸を生産したり、綿花の栽培に土壌、湿度とも適していることから生産し、機織物が盛んになり綿・絹素材の生産地として全国的に知られるようにな

羽島市竹鼻にある鋸屋根

ったのです。

江戸時代、１７６０年ごろから１８２０年ごろに「美濃縞」なる綿織物が生産され販売されました。以来、明治から大正初期の時代にかけては、羽二重縞、佐織縞しじら織、風通織、白木綿、関東織、黄八丈、変り織、新銘仙、琉球絣と綿・絹織物産地、羽島市竹鼻町は全国的に知られるようになりました。

工場を産業遺産として特別視している所は少なく、頼りになるのは当時を知る機織業者です。現在創業している工場もありますが、貸工場や倉庫として利用している借り主は、残念ながら多くのことを知りません。しかし、悲観したほどでもなく、いろいろな情報を教えてもらいました。倉庫として借りていた地元の人は、「この辺は昔ガチャ万と言って機屋がたくさんあり、お姉さんが探している鋸屋根もたくさんあったよ。長良川より木曽川の方なら、まだあるから行ってみな。な

物置に使用されている鋸屋根

んなら途中まで車で送ってやるよ」と私の荷物を車に積んでしまいました。

車中での話は鋸屋根ではなく「長良川の鮎」と

羽島市竹鼻町らしい風景

「木曽川の鮎」の話となり、岐阜では長良川の方がうまい、と言うことでした。木曽川近くで降ろしてもらい、空を見上げると東京では見たことのない、奇麗な鱗雲が広がり鋸屋根が姿を現してくれました。市内から4〜5㎞離れた農家の敷地内は満開のコスモスが咲き誇っていました。

かつての機織業は、農家の副業らしく鋸屋根は敷地内にあり、羽島機織業の典型的な姿でした。訪ねて話をうかがうと、80歳になるというお婆さんが、孫を背にあやしながら出てきました。「この辺では賃織工場が多く副業としていたから、そんな立派な織物じゃなかったよ。自分の父親の代には、桑を生産し養蚕もやっていたけれど、絹は大変神経を使うのでやめた」そうです。鋸屋根は大正初期ごろの建築で、父親の知人が富山の大工で、その職人が建てたと言い、内部を見せてくれました。立派な梁の鋸屋根からは柔らい光が注いでいました。

20

羽島織物協同組合

岐阜県羽島市

木曽川の土手から見える鋸屋根

羽島　駅から名神高速道路を渡り、堀津町に入ると田畑が広がり、のどかな風景です。目を凝らすとピョコ、ピョコと鋸屋根が見えてきます。桑原町です。この周辺は農家の敷地内に、2連3連の木造鋸屋根があります。

門構えの立派な敷地内に、いい鋸屋根のある家を訪ねました。門には羽島織物協同組合の表札がありました。90歳になる、というお爺さんは「もう昔のことだし、古くて汚いし、お金があれば取り壊して新しい家を建てたいよ」と渋い顔でした。「ぜひ話を聞かせて下さい」と持ってきた竹鼻織物協同組合の記念誌を見せて「私はこの本を読み感動しました」と話すと、「おやまた懐かしいね」と目を細くして「まあ上がりなさい」と家に入れてくださいました。この辺りは桑原と言って、昔は桑畑がたくさんあり農家は養蚕をしていたそうです。副業として絹織物から綿織物をやっていたから、組合の看板がそのままにしてある。

でも、「それを見て訪ねてきた人は、あなたが最初で最後だよ」と言われてしまいました。お爺さんは静かに話を始めました。

明治、大正、昭和初期と三代にわたる岐阜羽島産地の歴史を振り返ると、先人たちの生きてきた道は、今の尾州人にいろんな教訓を与えていますよ。私が子供だった頃、好景気に沸いていた大正15年12月25日、思いがけない大正天皇の崩御。そして昭和元年は7日間で終わってしまい、昭和2年の春、東京渡辺銀行などの閉鎖から、銀行が倒産する、というような現在の常識では考えられない出来事が起きた。その頃の経済恐慌は、今とは比べものにならないほど深刻かつ悲惨だった。銀行が倒産するとは誰もが考えていないものね。この頃に流行していた紫色を繊維業界では「不景気カラー」と呼んで、今でも紫が流行する年は不景気、という定説が残っているんだよ。面白い話だろ。平成不況の今も、ワイン、パープル、カラーが流行色として夫人層に人気があることも、何か因縁めいたものを感じるよ。洋服社会が近い将来やって来る。着物市場は次第に縮小していったんだよ。

この明治、大正期の羽島産地の生産品の主体は、綿織物と絹綿交織物が主流で、毛織物はほとんどなく、ウール産地としては遠かったそうです。その頃川一つ隔てた愛知県側の尾張産地では、既に毛織物の将来性を見通し、盛んになり始めていました。羽島は昭和8年ごろからウール産地として毛織物を始めたそうです。縞絣木綿から、絹綿交織り、そして毛織物へと常に新しい世界に大胆に転換し、その技術の導入に積極的に取り組んできた職人、しかも転換に際しては、先人たちが開発した伝統の職人技術を生かせるように模索してきました。日本市場でもアルマーニなどイタリアＤＣブランドが婦人層に人気ですが、その秘密はファッション都市ミラノではなく、その周辺に点在するウールやシルクの職人たちの仕事です。色の魔術師ミッソニーは、ミラノから車で一時間のスミラゴ村という寒村に本拠をもち「ミッソニー村」と呼ばれ、ミッソニーとそのファミリ

北採光から差し込む光が特長の鋸屋根内部

羽島市桑原町にある鋸屋根

ーのチームワークによる典型的なイタリア家族経営だそうです。

　工場というより工房と呼んだ方が適切で、技術力を持った職人たちの多品種少量生産が特徴で、高級品生産に不可欠な、フレキシビリティーを誇っているそうです。この強さは、この伝統技術と、小規模生産に支えられた、「創」「工」「職」の三位一体にあるのだと思います。羽島の職人にも同じような考えがあったから、大企業に対抗して操業できるという体質が利点だったようです。そこには明治以来、幾多の天災、人災をくぐり抜けてきた、たくましさの一端と、先人が築き上げてきた伝統と技、職人魂なのでしょう?と熱話を聞かせて下さいました。

　こんなすごい話を聞けるとは絶句しました。いつも思うことはこうした話を聞けるのも、鋸屋根を追いかけているからです。

21

木曽川VS長良川の鋸屋根

愛知県祖父江

織物の町らしい祖父江の風景（現在、稲沢市）

木曽川は、その源を長野県木曽郡木祖村の鉢盛山（標高2446ｍ）に発し、木曽谷として名高い渓谷を中山道に沿って南南西に下って岐阜県に入り、飛騨川などと合流し、愛知県犬山市で濃尾平野に出て南西に流下し、長良川と背割提を挟み併流南下し、伊勢湾に注いでいる。域面積5275㎢、幹川流路延長229㎞の河川です。濃尾平野に流れるわが国有数の大河川、木曽川、長良川、揖斐川。これらを一筋の川と同様に考え、「木曽三川」と呼んでいます。

鋸屋根を探すのが目的の私は、木曽川に架かる馬飼大橋の手前で、釘付けになりました。表現は変ですが、味わうように川を渡りました。この豊かなる水量は、愛知、岐阜、三重の三県の農業、工業用水となり、飲料水としても地域住民を潤し、まさに「母なる川」として、古来より人々に恩恵を与えてきました。また、濃尾平野の西南部に木曽川を国境にして、尾張の国（愛知県）と美濃の国（岐阜県）とが相対時し、度々合戦が繰り返されてきた、戦国時代の有名な「国盗り合戦」の歴史があります。

「尾張と美濃」という愛知、岐阜両県にまたがる低湿原地帯は、今日では日本最大のテキスタイル産地として全国的に知られ、とくに毛織工業を主とした織物産地になりました。しかも織物産地としての歴史は古く「尾張八丈」「美濃八丈」と呼ばれる織物がありました。そのルーツを探ると、この木曽川の「伏流水」と「湿度の高さ」が織ったり染めたりする上で便利だからだ、という原因が挙げられ、この風土は産地特有の財産であり、織物を織るという繊細な感覚も、この大自然が育んだ遺産なのかも知れません。

羽島市と一宮、尾西市とは、同じ木曽川の水中から生まれた、兄弟みたいなものであったことは、歴史上克明に記載されています。明治末期から大正時代にかけて、美濃・尾張両産地が「銘仙絣」（主として女物和服向け）「着尺セル」（主に男性和服向け薄地ウール）と、対象的な商品展開で互いに繁栄したことは、興味深いです。両産地の機業を「銘仙機屋」「セル機屋」と呼んでいたそうです。現在、羽島地方に婦人服メーカーが集積し、逆に尾西津島地区では、紳士服メーカーが主流を占めているのも、この歴史的背景からのようです。

7連の鋸屋根工場です。訪ねると残念ながら人影がなく、倉庫に使用しているようでした。裏に回ると道を掃いているおじさん発見。工場のことを尋ねると、不思議そうな顔をしながら話をしてくれました。

戦後の建物で毛織の下請け工場だったらしいけれど、「数年前にやめて貸し倉庫にしている。あんたも借りたいの?」と聞かれ、「はい」と答えてしまいましたが、「尾西の鋸屋根を探して羽島か木曽川を渡って来ました」と言うと笑われてしまいました。

「終戦直後、羽島と木曽川ひとつ隔てた尾西とでは、大きな違いで、尾張側（尾西）は実に悲惨だったよ。家を焼かれ工場を失い、猛烈な食糧不足で、その日暮らしが精一杯だったけど、羽島付近は空襲の被害もなく、美濃平野の田園地帯には、都会からの買出

国道沿に建つ7連鋸屋根

貸し倉庫になっている鋸屋根工場

し部隊が押し寄せて、自分たちは行くこともできなかったよ。川一つ隔てて、地獄と極楽の違いとなったけれど、神仏は見捨てなかったんだ。極秘だけど、軍の在庫衣料は放出衣料という、降って湧いたような幸運が舞い込み、岐阜県の農家に出かけて食糧と交換したんだよ。尾張には、軍が残していった衣料品や繊維原料が山積みされ、放置されたままだったから、食糧を調達するには絶好だった」

と、おじさんは懐かしそうに言いました。

木曽三川の歴史は、災害との長い闘いの繰り返しでした。昭和34年の伊勢湾台風では、各河川からの出水に加え異常高潮の発生で至るところで、堤防が破壊され濃尾平野0メートル地帯はまたたく間に泥海となり、木曽三川下流部に災害をもたらしました。さらに昭和51年の台風17号では、4日間にわたる記録的な集中豪雨により、岐阜県安八町で長良川の堤防が決壊し、安八町、墨俣町一帯が冠水してしまいました。木曽三川の歴史は、御囲提、輪中、宝暦治水など洪水との闘いの歴史でした。明治になり、政府の招きにより来日したオランダ人技師、ヨハネス・デレーケらにより、近代土木による三川分流工事が完成し、現在の木曽三川の原形がつくられたそうです。

22

脚光を浴びたガラ紡織物

愛知県祖父江

ロボットみたいな鋸屋根工場（外壁を修理し倉庫に使用している）

終戦直後、羽島と木曽川ひとつ隔てた尾張の一宮、尾西地方とでは大きな違いがありました。尾張の産地復活は、（米と衣料の交換）警官と民衆の知恵比べ、この苦悩から「二条六項」という名案が生み出されました。尾州戦後復興の最大要因は「二条六項」取引だったということです。

これは、短く説明すると、どんな闇衣料でも県知事が承認したものは、自由に移動や売買ができる、という抜け道が残っていたのです。この承認書によって、尾張産地人の活躍が始まったのです。しかし、終戦後の約半年ぐらいで底をつき、売るものが無くなってしまいました。ここで脚光を浴びてきたのが「ガラ紡」でした。

ガラ紡とは、徳川時代から、三河地方（現在の岡崎市周辺）に伝承されてきた家内工業で、繊維のボロ屑や綿屑を原料にして、水車を回して糸を紡出するという、極めて原始的な半手作業。これでできた太番手の糸のことを当時「ガラ紡糸」と呼んだのです。太いむらの多い糸で、この機械が水力で動かされるたびに、ガラガラと騒音を立てることから名付けられたそうです。祖父江に残る鋸屋根を探している時に、昔ガラ紡の職人だったという、おじさんから当時の話を聞けました。

戦時中には軍需品として脚光を浴びたのは、戦場で

かつてガラ紡の工場だった鋸屋根

兵隊たちが使用する「軍手」の原糸であったからで、軍は膨大に消耗する軍手の生産増強が必要とあって、この設備増設と電力化に力を入れたのです。毛織物が不要、不急呼ばわりされていた時代に、あの非能率的な半木製織機が重宝がられ、大モテだったそうです。繊維屑からガラ紡糸ができ、それを岡崎から仕入れ、尾州で織り上げ整理加工し「ガラ紡織物」を製造販売すると産地は活気づき、「ガチャ万」と呼ばれるほど景気が良かったそうです。

ガチャと音を立てるたびに一万円ずつ儲かる、というくらい、忙しかったし賑やかだったよ。そのガラ紡織物職人だった、おじさんはどれくらい?設けたのでしょうか。けれども現在、この機械を発見することは至難な業だそうです。「もう取り壊したかもしれないが、運が良ければ間にあうかもしれないなあ」と簡単な地図を書いてくれました。聞きたいことは山ほどあるのですが、お礼を言い、再会を約し鋸屋根の探索に戻りました。

ここに紹介する愛知県祖父江町は平成17年4月1日に稲沢市、旧祖父江町、旧平和町が合併し、新しく稲沢市になりました。各地で台併が増え、住所変更されると鋸屋根探索は、困惑します。ですから私の記憶が薄れないうちに、地図に書き込み写真整理に追われています。

おじさんと別れ数分の場所に姿を見せたのは4連の木造鋸屋根です。運良く持ち主さんから話を聞くことができました。現在は貸倉庫に使用とのことでした。立派に覆われた鋸屋根は、大正末ごろの建築で毛織物工場でした。隣にも昭和初期ごろ建てた鋸屋根があったのですが、傷みが激しく古い方が残りました。

昔はこの周辺にはたくさん工場があり賑やかだった、と懐かしそうに話をして下さり、もう少し先に、家より立派な工場がありますよ、と情報を

赤い鋸屋根工場は、自動織機が動き、無人でした。

もらいました。工場の横には蔵があり、奥には母家が見えました。訪ねると留守らしく応答なし。工場の職人さんに話を聞くと、詳しいことは聞けませんでしたが、外からの撮影なら構わないと許可をもらい、撮影のみとなりました。

大きな道を右折すると、目にも鮮やかな赤一色に塗られた5連の木造鋸屋根が姿を現しました。手前の1連鋸屋根から、ガチャガチャと音が聞こえ、早速訪ねると不思議です、誰もいません。機械は自動で動いていました。大声で「こんにちわ」と数回張り上げても応答なしでした。入口には毛織物工場の表札が掛けられていましたが、残念です。諦め掛けた時、近所のおばさんが声を掛けてくれました。昔は毛織物工場だったそうですが、下請け工場らしく、機械は自動で操作しているから人はいない、という訳で、聞き取りはできませんでしたが、毛織物で栄えた歴史は残っていました。

23

毛織物の町・尾西

愛知県尾西市

煙突と鋸屋根、今では懐かしい風景（尾西市）

尾西市（現一宮市）育ちの女性から連絡をもらい、織物工場を経営している親戚のおじさんを訪ねてきました。尾張一宮駅の近くにあり、マンションや住宅に囲まれた、木造3連の鋸屋根工場でした。工場の持ち主、親戚のおじさんから貴重な話を聞けました。

「建物は昭和25年、私の親父が造った工場です。当時は〝ガチャ万〟と呼ばれ、大変景気が良く、機屋は儲かるからいいよ」という話から始めたのかもしれません。

親父が工場を建てた時は、今みたいに隣の家やマンションなどなく畑のど真ん中でした。当時一宮は、織物一色の町で、他に産業はなかったのでは、と思うほどでした。大きな工場（おやばた）から仕事をもらう小さな機織り工場ができ、周辺には鋸屋根の工場がたくさんありました。工場は住居の隣に建てたり、織機さえあれば仕事ができたので、今までの住居に織機を入れるところも多くありました。しかし、伊勢湾台風で多くの工場が災害に遭い、大きな打撃を受けました。この工場も同様でしたが、当時は、ゆっくり建て直しなどしている時間もなく、仕事をこなさなければならず、廃材や災害に遭った材木を利用した仮設工場みたいでした。機屋には北からの日差しを入れた「鋸屋根」が必要でしたから1棟の鋸屋根工場を建てて、仕事の量が増えると継ぎ足したりと、今考えると鋸屋根は利にかなってますね。

そう話ながら、鋸屋根を眺めていました。高景気が去りバブル崩壊で、仲間内でも止めた人が多く「よくやってるね」「頑張りますね」と言われています。

息子はいますが、この現状だから家内と2人きりで今やれる範囲でこなしていますが、機屋は私の代で終わりです。自分の代で終わるのであれば、次の代に負担がかからないように、さら地に戻す。これが迷惑のかからない方法だ」と家内と相談していました。その矢先、吉田さんのような人が来て、工場を褒めてもらい写真まで撮ってもらい、改めて工場を眺めると歴史を感じ、昔を思い出します。すべてを消してしまうことが、次の代に迷惑をかけずに済む一番の手段だと思っていましたが、取り壊してしまえば、二度と鋸屋根のような建物は建てないでしょうし、この町に機屋があったことすら忘れ去られてしまいますね。壊さずに、この空間で家内と喫茶店でもやりますか。少し老いぼれマスターですけれどね。

と笑いながら鋸屋根を再び眺めていました。

市の統計では、昭和30年から45年には、2、300軒の工場があったそうです。一宮駅から再び日光川沿いまで行き、木曽川の手前まで来ると、鋸屋根が顔を出し始めます。工場探索をする前に立ち寄った「尾西市歴史民俗資料館」。ここは、尾西市を知るには良い資料館です。別館は脇本陣林家／旧林家住宅（国登録有形文化財）で、江戸

公園の片隅に、ひっそり建つ鋸屋根（尾西市）

時代の伝統的な町屋建築の様式をよく伝えています。江戸寄りの方に玄関入口の潜り戸の付いた大戸、正面1階の窓に取り付けられた連子格子、土間境に立つ大黒柱、根太天井、立ちの低い2階など、幕末の起宿に見られた町屋の造りをしのぶことができます。

資料館の館長さんが、とても熱心に話をしてくれました。毛織物の町といわれる尾西市も、機音がだんだんしなくなってきました。今は「少し昔」でも、いつの間にか「ずっと昔」になってゆく町の様子を、今残さなくては、今聞いておかないと、昔を知っている人がいなくなってしまいます。そんなことを感じながら集めました。繊維工場に関しては、昭和30年から50年まで伸びて、その後は減少しました。昭和30年には1、452軒、35年1、699軒、40年1、972軒、45年2、146軒、50年2、129軒、55年1、976軒、60年1、800軒と減少しました。現在の軒数は、吉田さんの探索、撮影に期待しています、とエールを送られ、私のエンジンも全快です。何棟の鋸屋根があるのでしょうか。

高いマンションと鋸屋根。今では当たり前の風景

24

町の遺産「鋸屋根」

愛知県一宮市

取り壊しを待つ鋸屋根工場（旧大野金毛織工場）

愛知県一宮市に、明治36年創業の木造5連の鋸屋根工場があります。取り壊しは決まっていましたが、持ち主の好意で建物調査が行われました。「取り壊しをする前に、先代から引き継いできた工場をきちんと調べ、建物はなくなるが歴史は残したい」と工場長の大野さんは言いました。大野さんは、一宮市観光協会が設立した、尾張一宮観光大学のメンバーで、町の観光に力を入れている方でした。郷土史も勉強され町の歴史に詳しく、いろいろな話をうかがうことができました。取り壊しは残念だが、こういう形こそが、町の遺産「鋸屋根」となり、歴史は伝え残るであろう、と確信しました。

「見せたい物が出てきました」と家系図らしきものを見せてくれました。先祖は享和元年（１８０１）、羽島市竹鼻出身とある。天保７年は油（菜種油）商人だった。その後、大野金乃助の息子、大野章三が明治36年（１９０３）、大野金毛

大野金毛織工場の内部（５連の鋸屋根）

織工場を建て、セル地、コート地、婦人服地、英ネル、背広地などを盛んに製織してきました。

大野氏は、発明心に富み、明治40年ごろに絹綿交織の初音御召を出して、特許を受けた。ついで大正7、8年ごろにセル地の無地物を模様化する、という研究をし苦心の結果、大正9年模様セル製織を完成させ、中柄セル地に一新機軸を出して業界のために大いに貢献したそうです。その後息子、孝三も工風を凝らしセル地やコート地に模様を織り出す縮織物の発明に成功し、昭和9年特許を受けて盛んに製産し、斯界を驚かせた。このように斬新奇抜にして常に流行に先駆け、各地博覧会共進会に出品され、その都度優賞を受け栄誉に輝いたそうです。(セルとは、細いすき毛糸で織った毛織物。洋服、和服用がある)

感心していると、「面白い物もありますよ」と庭に案内され「これ何だかわかりますか?」長さが50~80㎝くらいのアルミ製の箱です。「機織りに使う道具箱?何でしょう?わかりません」と答えると、「これは弁当箱ですよ、今で言うなら仕出し弁当ですよ。御飯とおかずが届き、職人さんが交替で自分用のちゃわんに盛り付けて食べました。人数が多いから、この弁当屋には助かりましたよ」と懐かしそうに話してくれました。職人さんは黙々と食べ、女工さんたちのおしゃべりに花が咲き、束の間の休息だったのだろう。庭にあった、アルミ製の大きな弁当箱を眺めていると、職人さんたちの声が聞こえるようでした。

私は取り壊し寸前の、鋸屋根工場を見て、ある宮大工の棟梁の言葉を思い出しました。

「観光とは、光を見る。見えないものを見る思い、心を見る。光とは何なのかを理解すると、作った人、その歴史がわかる。光は感じないと見えない、見えないものを見る。見て感じとったものを考察する」

取り壊され、形はなくなってしまうけれど、ここを訪ねた時、ここに来た時、こんな観光ができればと思いました。

大工といえば、またうれしい出会いがありました。10年以上も鋸屋根を追いかけていますが、いまだ鋸屋根工場を建てた、という大工さんに出会えていませんでした。ところが、今回の調査に駆けつけてくれたのは、なんと、鋸屋根を50棟以上も建てた、という大工の棟梁でした。

棟梁の話によると、ここの鋸屋根工場は、戦後の建築が多く、昭和25～40年ごろまでがピークだったそうです。ガチャ万といわれた時期で、忙しく儲かったら継ぎ足す、という具合で材料も取り壊した住宅資材などを使った工場も多かったそうです。「鋸屋根は機屋には欠かせない構造、北採光はもちろんだが、継ぎ足す工程が良く考えてあり、早い安い便利というところかな。それにしても注文が多かったから、何棟建てたなど覚えてないよ」と苦笑いしていました。「ただこうした周辺の家内工場は、ほとんど同じ形だから個性はないけど、町の風景になってたかもしらんね。珍しいのなら、この鋸屋根工場の図面やるよ」とコピーを私にくれました。その棟梁が工場の敷地内にある、母家に遊び心を見せてくれました。樋から地面に流れる雨水を、地上で受け貯める「ひょうたん」は、心和む気遣いでした。いい出会いでした。

ベルト織機跡のシャフトやプーリが歴史を物語っていた

25

手本は富岡製糸場

三重県四日市

東立面図

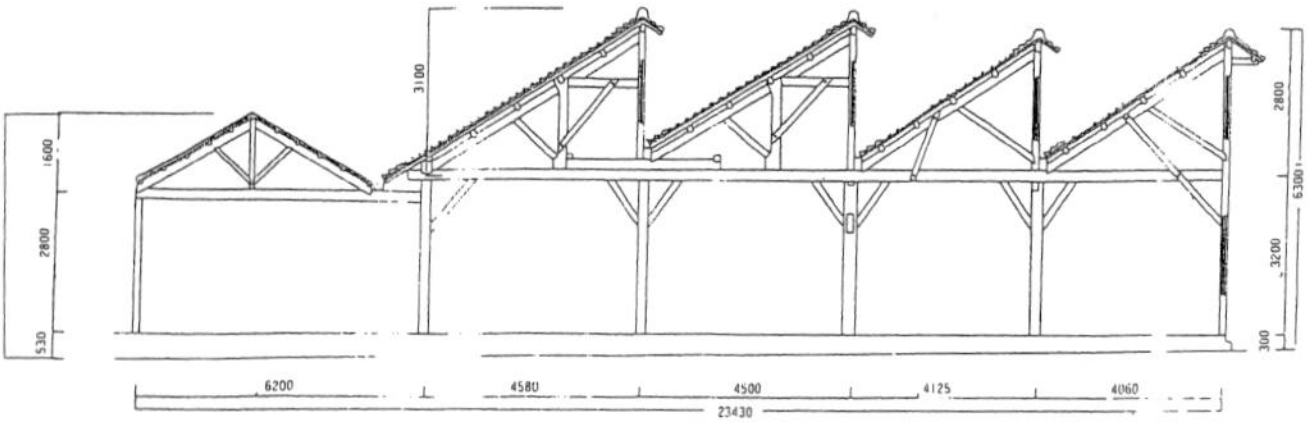

断面図

亀山製絲（株）室山工場の鋸屋根（再繰工場）の図面

この建物は「亀山製絲（株）室山工場」です。
三重県四日市市室山町にあります。

工場の創立について紹介します。母体は享和元年（1801）伊藤家四代小左衛門が、農業の傍ら味噌醤油の醸造業を始め財をなし、五代小左衛門（1818〜1879）が製茶と製糸業を創始し会社の母体が形成されました。文久2年（1862）に始められた、この製糸部門は伊藤製糸部と呼ばれたもので、フランス人技師を招いてできた官営富岡製糸場（群馬県富岡市）にその製法を習い、明治7年には機械製糸を開き、その製品は輸出され海外でも高い評価を受けていたという歴史があります。なるほど、建物は姉妹という訳です。文久2年に創設された工場は、明治32年に第2工場建設工事半ばに火災で焼失、明治36年に再建された工場（繰糸場）が現存しています。

繰糸工場は梁間約71m、桁行約9・5mの東西に伸びる長大な建物で、南面の中央に玄関を設け

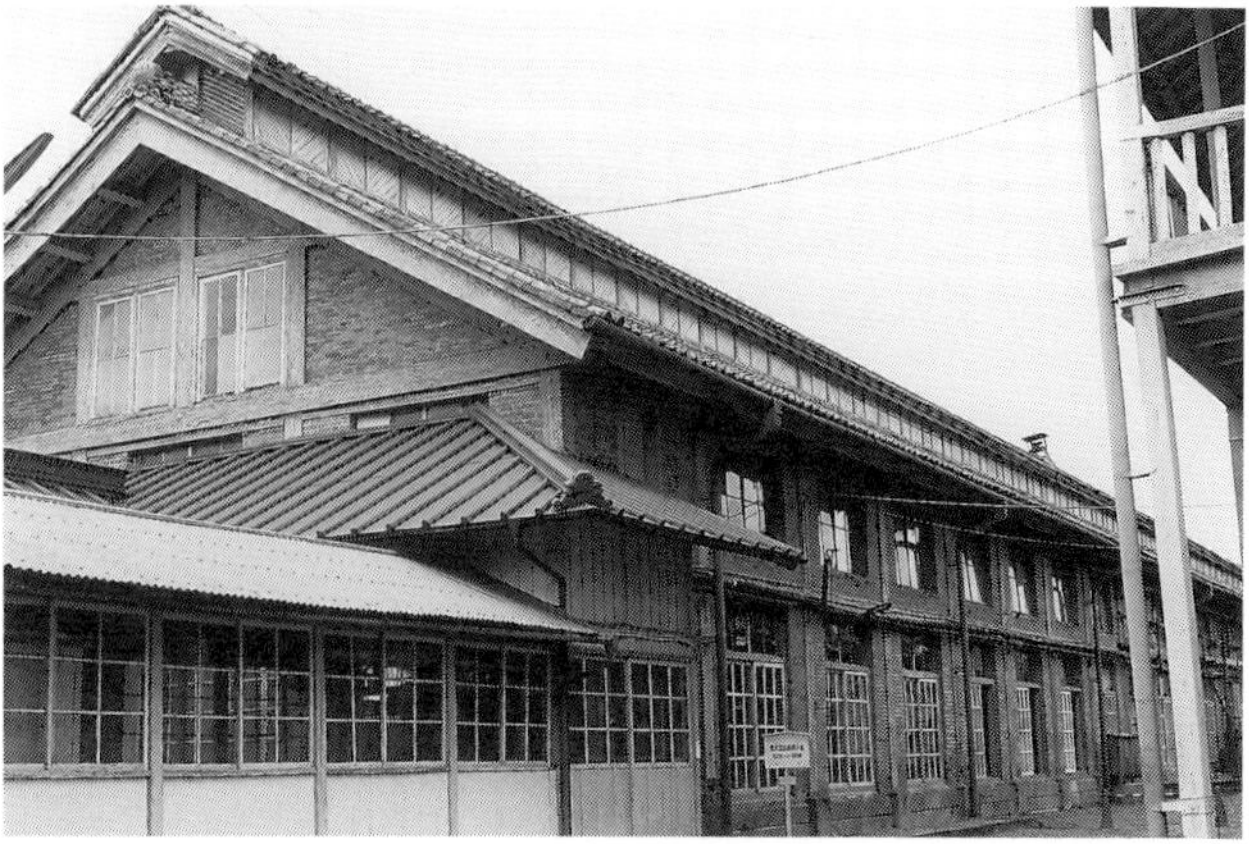
旧管営富岡製糸場の繰糸場

ています。屋根は寄棟造桟瓦葺で棟に腰屋根を載せ、外壁は下見板張りのペンキ塗（白色）仕上げで80㎝幅の上げ下げ窓が、1・1m置きに配置されていて、軒高は高く高窓の下には、胴蛇腹を付けています。

近年、明治建築が姿を消しています。ヨーロッパのように古い物を使い続ける、日常当たり前の考え方がない限り、日本国内では無理なのでしょうか。

なぜ、四日市市は保存を断念したのか。金銭面以外に方法はなかったのか。率直な話が聞きたくて四日市市教育委員会に連絡をし、近畿大学の先生たちの実測調査や亀山製糸さんの話などをぶつけてみました。電話での応対でしたが、社会教育課の方は、丁寧な口調で話をしてくれました。

市としては、やむを得ず断念しましたが、歴史的建造物（近代建築）としての調査は行っています、とのこと。

旧伊藤製絲部の繰糸場（富岡製糸場と姉妹のように見える）

お願いし、後日その調査記録を送っていただきました。亀山製絲株式会社室山工場：旧伊藤製絲部：四日市市歴史的建造物（近代建築）調査の記録は、期待以上の内容でした。旧伊藤製絲部は、明治政府によって創設された旧官営富岡製糸場と深い関わりを持ち、三重県で最初の器械生産を行い、殖産興業の一翼を担う輸出の花形であった生糸産業に大きな貢献をした工場なのです、と始まり、実測調査の図面や写真が記録されていました。

鋸屋根工場、ありました！「再繰工場」で、繰糸場の南面に立っていました。前ページの図面です。木造平屋建、屋根は鋸屋根4連桟瓦葺き、南端部は切妻桟瓦葺き、外部仕上げ：下見板張り、白OP塗り仕上げ、窓：引き違い硝子窓、建築年代：明治35年と昭和13年増築と記されています。すでに取り壊され見ることはできませんでしたが、この調査記録を見ることで、また一つ私の鋸屋根記録帳に保存できました。運がいい。明治以降の建物は、今危機を迎えています。取り壊す前に歴史を、文化を、再確認せよ。後悔先に立ず。

繰糸場の屋根も、モダン（旧伊藤製絲部）

26

加賀絹の発祥地・城端

富山県高岡市

城端にある鋸屋根（絹織物）

わが国初の民間会社組織による大阪紡績株式会社は明治15年に発足し、大正3年に三重紡績株式会社との合併により、今日の東洋紡績株式会社が設立されました。富山県には、東洋紡績株式会社の庄川工場、井波工場、入善工場があり、他に敷島紡績富山工場、日東紡績株式会社富山工場、泊工場があります。

　福井から前夜、高岡に入り一泊した私は早朝から行動開始です。高岡駅から砺波《となみ》駅で城端線に乗り、福野駅からバスで東洋紡績株式会社井波工場に行きました。工場長とは連絡を取り外観だけなら、と撮影許可をいただいてましたので、高い屏と樹木に囲まれた正門から入りました。

　敷地内は綺麗に手入れされ、15連の鋸屋根工場が、出迎えてくれました。事務所棟は、白壁に黒い木枠の模様が美しく、イギリスに来たようでした。工場ともに昭和7年建設で、事務所棟の設立者は伊藤忠商事の創設者、伊藤忠兵衛だそうで

東洋紡績株式会社井波工場

す。なるほどモダンな訳です。鋸屋根工場の方も、紡績工場らしく大型の換気口、塵突があり、これらがれんが造であれば、まさしく産業革命発祥地のマンチェスターだ、と感心し慌ただしく駆け回り、撮影させていただきました。うれしいことに「井波に来ることがあればまた、ゆっくり撮影していいですよ」と言って下さいました。

バスの時間、電車の時間と戦いながら、目指すは次の工場です。再び城端線に乗り最終駅、城端駅で下車しました。木造瓦葺きの駅舎は、前身の中越鉄道が開業した1898年、明治30年以来の建物で、なるほど、越中の小京都と呼ばれる町にふさわしい、たたずまいでした。天気は曇り空から小雨となりましたが、町を知るには役場しかないと、町役場まで約20分くらい歩きました。不思議と小雨が苦にならず、むしろ情緒があり癒される徒歩でした。役場の人は徒歩で来たことに驚いていました。

城端町では約400年前の天正年間に、絹織物が始まったそうです。元禄年間には、町の約半数以上の家が機織りに従事していました。五箇山や福光で養蚕を行い糸を作り、その糸から織った絹織物は「加賀絹」として京都の絹問屋と取り引きされ、京都から江戸へと渡ったそうです。

明治時代になると約9割の家庭にチンカラ機と言われる手織機が置かれるようになり、機織りの音が町中、聞こえていたそうです。

昭和30年ごろには、バッタン装置を高機に取り付けたカチャカチャ機が導入され生産が増大され、織屋のガチャ万時代が来た訳です。その工場、鋸屋根を探して撮影していることを話すと、数年前かなり取り壊してしまったけれど、多分まだ少しありますよとメモを渡され、話も途中で失礼し鋸屋根の探索開始となりました。

役場からさらに20分くらい歩くと、カチャカチャと音が聞こえ、と同時に今まで目にしたことの

7連の鋸屋根工場は操業停止

ない光景が現れました。小雨まじりの中に立つ鋸屋根はしっとり濡れ、歴史を物語っていました。昭和初期の建物という話でしたが、工場は現在も操業しており、かつて周辺には工場が数軒あり賑やかだったよ、と職人さんが言った一言が忘れられません。

　市内を流れる山田川、その周辺に7連の大きな鋸屋根工場を発見し感動していた私に、声を掛けてくれたタクシーの運転手さんに出会い、市内に残る鋸屋根のことを話すと無線連絡で仲間から情報を入手してくれました。場所は城端線の戸出駅の近くらしく、時間がないならタクシーで送るよ、と乗せてくれました。その代わり次回来る時は観光タクシーとして利用して下さい、と名刺をいただき現地で別れました。なんか狐につままれていたような時間でした。

27

工場の歴史は壊せない

富山県高岡市

高い煙突のある鋸屋根工場（戸出織維株式会社）

敷地内に3本の川が流れている工場は、大正9年建築の10連木造鋸屋根工場で、富山県高岡市戸井町にあります。高い煙突が1本立ち、工場の屋根は全部瓦葺き、黒瓦の大きな屋根は、北陸地方らしい風景でした。

工場長を訪ねると、東京から屋根を撮影に来た、ということで反対に興味を持たれてしまい、工場の内部まで案内して下さいました。

戸井町やその近郊は、庄川、子矢部川の二大河川によって形成された砺波平野の中心に位置し、大昔から「八講布」と名付けられた麻布の産地として有名だったそうです。約250年前の明和年間には、婦女子の手織りによる綿織物が地方に出始め、町の特産物だったそうです。明治維新後は、麻布に代わって綿織物家内工業が盛んになり、織布工業は全国的に高まりました。この工場は明治29年に設立されたそうです。昭和に入り綿から絹、人絹織物の製織に転換し、その後は合成繊維織物の工場だそうです。昭和20年代は繊維関係工場が多く創業し、戸出織維株式会社を皮切りに、この近郊に数カ所の工場があったそうです。

小矢部川沿いに立つ工場には、3連と9連の木造鋸屋根工場があり、工場を取り囲むように3本の川が流れていました。小川のような川と鋸屋根が醸し出す癒された空間に感動していた私でした。その傍らで「環境は良いけれど、3本も川があるので移築することも、埋立することもできないのですよ」と工場長は苦笑いをしていました。

訪ねた時は小雨だったのが、本降りになってしまい、今回はこの辺で終了としました。雨が降っているからと工場長自らが、車で駅まで送って下さいました。「織物工場には、鋸屋根は欠かせなかったし、倉庫に使用している所もありますが、先代が築き上げできた歴史は壊せないよ。工場閉鎖をしない限りありますから、また来たら立ち寄って下さい。工場を見て、あれだけ感動していた人と話ができてうれしいですよ。いい写真になってると思いますよ」と言ってくれた工場長さんでした。

余談ですが、北陸は海の幸もいいですが、富山の焼肉ホルモン焼きもうまい！のですよ。穴場は駅前にある、ちょいと怪しい露地裏に2〜3軒あります。無愛想な店主が出すホルモンを焼いて食べるのですが、火鉢なんです。私のような一人客には、その火鉢が一人用サイズで妙に良いのです。

再開発が進み取り壊されたか、と思っていましたが、店主は健在で何も変わってなくて懐かしい味でした。その土地に行かなくては食せない物や、見ることができない歴史や文化を肌で感じ、満腹でした。

紡績業が日本に定着するきっかけとなったのは明治13年、渋沢栄一のリーダーシップによる大阪紡績株式会社の設立からでした。明治17年、わが

3連の木造鋸屋根工場

9連の木造鋸屋根工場

国初の民間会社組織、大阪紡績（東洋紡績の前身）の成功が刺激となって、各地に紡績工場が設立されました。

　富山県には東洋紡績株式会社の、井波工場（昭和7年）、庄川工場（昭和9～10年）、入善工場（昭和10～13年）の大規模な工場があり、現在もその姿を見ることができます。

　イギリスで始まった産業革命は、海を渡り日本では、19世紀後半から20世紀初めにかけて進行しました。その特徴は、紡績・製糸業における機械生産の成功と、重工業の形成によって特徴付けられます。

28

「背高のっぽ」の鋸屋根

石川県小松市

今森絹織、16連の鋸屋根（小松市）

小松の絹織物の歴史は古く、加賀絹の発祥地と言われ、小松は織物産地です。大和時代5世紀、雄略天皇のときに、蚕桑と製織技術を習得し、一年を通して湿潤な加賀地方特有の気候・風土は絹織物業に適し、冬には雪が多く家内でできる工芸が発達、巧みな織技法が育まれたそうです。天皇家への奉献、税の一種として白絹などが物納されました。その後、平清盛、将軍足利氏らの時々の最高権力者に献上、愛用され、加賀絹の名声は高まったそうです。特に江戸時代、小松地方産業の祖と仰がれる加賀藩3代藩主、前田利常公が、小松を機業地として勧業奨励したことによって、産地基盤が確立されたそうです。

さて訪ねてから4年、小松駅は高架化工事も完成し、駅や駅周辺は整備され、なぜか閑散としていましたが、一歩足を踏み込むと、北陸地方独特の町並みがあり、ホッとしました。線路沿いに戻り少々ドキドキしながら進むと、姿を見せました。

健在？でした。「ご機嫌よう、また会えましたね」と一礼し、すぐさま工場長を訪ねると「ほんとに、また来たね」と苦笑いでの再会でした。今回は工場内を案内していただき、内部撮影も許可してもらいました。どうして、背高のっぽなのか疑問が解けました。採光面の高さが短い理由には、加賀地方特有の気候・風土が関係していました。冬は雪が多く、しかも水分が多い雪なので、屋根に負担がかかるので、この形になったそうです。「ガラスを通して入る北採光は柔らかく、絹織物には欠かせないから、鋸屋根は偉いよ」と眺め、話をして下さいました。周辺の工場も当社を見て、右に習え、という具合に皆この形だったそうです。職人技とはいえ、大正生まれの木造16連の鋸屋根は、何回見ても天晴！です。

小松市は空襲で焼けたのではなく、昔大火があり町が焼けてしまったそうです。そのため鋸屋根工場は、ほとんど戦前で昭和初期が多い、ということです。大工場よりも家内工場が多く、かつては800軒以上あったが、現在は100軒余りだそうです。この社と2カ所に3棟の大きな工場があり、小松駅を中心に、一世風靡していましたが、昭和50年以降、工場はかなり取り壊され、この1棟になってしまったそうです。

「せっかく来たんだから、好きに撮影して帰りなさい」と言われ、念願の内部を撮影させていただきました。採光面のガラスから差し込む、柔らかい光以外にも梁は細く、驚きました。職人さんに聞いてみると、台風や地震時もびくともせず、雨漏れも少ないそうです。100年近い工場なのに、見た目より頑丈で、自分たちも感心していると話していました。

他に鋸屋根工場はないか尋ねると、北陸本線沿いに川を隔てて立っていると思うよ、と情報をもらい探してみました。線路沿いを歩き約20分、町

柔らかい採光と細い梁が特徴の内部

長く一直線に延びる北陸本線の線路

もなくなりのどかな田園風景、東京の山手線などと違い、ひと駅の距離が長い。小松新橋を渡り、農作業をしていたおばあちゃんを訪ね、話をうかがいました。その間、頭上には低空飛行のジャンボ機が2〜3回通過し、驚かされました。おばあちゃんは慣れているよ、と笑っていましたが、「騒音は半端ではないから大変だよ」と大声で会話をすることになりました。戦後ガチャマン景気の頃は、この周辺にも工場はたくさんあったけれど、数年前ずいぶん取り壊してしまい、もう少し上の方へ行くと残っているよと聞き、線路沿いを歩いてまた驚きました。線路が一直線です。背高のっぽといい、感動の連続でした。

29

羽二重の伝習は、桐生から

福井県勝山市

松文産業の10連鋸屋根工場

江戸幕府は、安政5年（1858）、アメリカと日米修好通商条約を結びました。鎖国をやめ、アメリカ、イギリス、オランダと貿易を開始し、生糸が主な輸出品になりました。明治政府は、明治5年（1872）、富岡製糸場など官営の各種模範工場を造り、工場制手工業の時代になりました。明治4年旧福井藩士の由利公正が欧州視察で、絹織物数種を持ち帰り、織り、染色、精錬の研究をさせました。

福井地方は、昼と夜の乾湿の差が少ないことから、絹織物製造に非常に適した土地でした。勝山は山間部のため耕作地は小さく、たばこ栽培は換金作物として必要でした。そこで兼業できたのが養蚕、製糸だった訳です。夏秋に養蚕（繭を生産）、秋に繭から製糸（生糸）、冬は「刻みたばこ」を製造する、という1年の流れでした。明治7年製糸工場「勝山製糸会社」ができ、明治11年、生糸の輸出が始まりました。

明治13年に入ると、羽二重（純白の滑らかかで光沢のある平織絹織物）の輸出貿易が好況となり、明治15年勝山でも羽二重を織り始めました。明治19年先進地、群馬県桐生の森山芳平の工場から、高力直寛を招いて伝習したり、技術を習得するため、伝習生を桐生に派遣しました。これらによって獲得した羽二重の生産技術は、福井県内一円へと広がり、明治23年には福井県の絹織物

の生産額が、群馬県を抜いて全国1位になりました。この動きは絹織物産地の石川県に広がり、北陸地方は全国有数の輸出羽二重の産地として飛躍しました。この頃に創業した勝山の4大機屋会社は、明治23年白木興業株式会社、明治40年山岸機業株式会社、明治43年ケイテー株式会社（いずれも、たばこ製造から転業）、明治23年創業の石上機業場を引き継いだ松文産業株式会社、明治37年創業の木下機業場があります。特に勝山では、タバコが専売制となったこともあり、たばこ産業の多くの事業主が織物製造業に転身しました。

その後、昭和初期から戦前にかけて、人絹織物業が盛んになりました。人絹とは人造絹糸（レーヨン）のことで、昭和9〜12年ごろに最盛期を迎えましたが、昭和20年の敗戦時、勝山の機屋の操業率は3割も低下してしまいました。戦後は復興政策や「ガチャ万」景気により、復興を遂げました。この歴史から、120年の時が流れた勝山市を訪ねてきました。

勝山へはJR福井駅から、えちぜん鉄道で約60分、終着駅が勝山駅です。私が訪ねた時は、開業10周年を迎えた年でした。

勝山駅から市内まで、徒歩20〜30分で

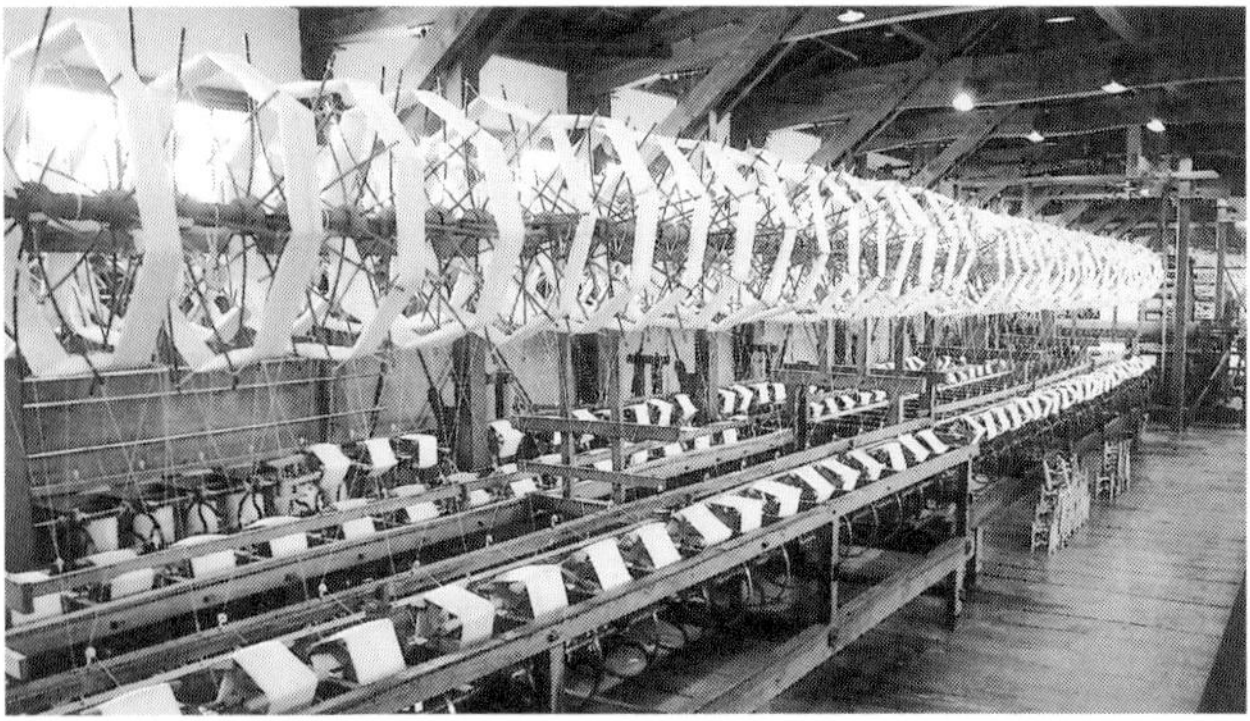

はたや記念館・ゆめおーれ勝山の展示コーナー

す。九頭竜川に架かる勝山橋からの眺めは美しく、明治期に創業した機屋が見えるようでした。徒歩20分、機屋らきし建物はありません。あの歴史は姿を消してしまったのでしょうか。

ありました！「はたや記念館／ゆめおーれ勝山」です。鋸屋根ではありませんが、建物は明治37年に建てられた、木下機業場でした。

木造2階建て、切妻、桟瓦葺、梁間4間、桁行20間の大型木造工場建築です。平成10年に操業停止後、勝山市に寄贈され、平成18年に勝山市指定文化財に指定され、平成19年に近代化産業遺産に登録され、一般公開されていました。1階は手作り体験や、おみやげ店があり、2階は繊維の町、勝山の歴史と羽二重の製造工程や、女工さんの写真が展示され、糸繰機や整経機も動かして当時を再現していました。よく出来ています。

ただ建物を詳しく知る人がいませんでした。諦めて、織機で実演している女性に話をうかがいました。富岡製糸場のことや群馬県桐生にある鋸屋根工場のことなどを話すと、女性は知っていました。平成23年に、桐生織りと羽二重の企画展があり、桐生の機屋さんが来ましたよ。森山秀平さんの話をすると、勝山のルーツですね、と微笑み、この周辺には機屋がたくさんあり、かつて自分も機織をしていました。ここではありませんが鋸屋根ですよ。「がんど屋根」と呼んでいます。「がんど」とは大きな木を切る鋸のことです。見ていかれたら、と場所を教えてくれました。

徒歩20分くらいの距離でした。松文産業の「がんど屋根」が圧倒される迫力で姿を現しました。明治23年創業の石上機業場の経営を引き継いだそうです。最盛期には1千数百人が働き、工場数は25棟、中でも旧女子寮は近代化産業遺産に認定されています。

30

眼鏡フレームは日本一

福井県鯖江市

工場には見えません。鯖江市内にある綿布工場

日本の始祖3紡績とは、鹿児島紡績所（明治3年）、堺紡績所（明治3年）、鹿島紡績所（明治6年）のことです。続いて官営愛知紡績所（明治11年）が政府の力でスタートしました。やがて本格的な民間資本による、今日の東洋紡績前身である、大阪紡績株式会社（明治17年）が誕生しました。日本の「産業革命」の牽引役となり、これを手本とした民営紡績工場が続出し、大阪は「東洋のマンチェスター」と呼ばれていたそうです。こうした大規模工場は、北陸地方にもあります。

福井県は古くから繊維の産地で、羽二重や人絹織物の黄金時代を経て、現在では合成繊維をはじめ、総合産地を形成しています。敦賀には昭和9、15年建築の東洋紡績敦賀工場があります。大規模な工場は高い塀で囲まれ、内部は見えません。2カ所のうち1カ所は、ショッピングセンターになっていました。市内は再開発により姿を変えたようでした。

そこで私が選択したのは、福井鉄道福武線です。武生と福井を結ぶ2両編成、どこか懐かしい電車です。地元のおばちゃんがこの沿線には鋸屋根がある、と情報入手し鯖江に向かいました。ところが電車の便が少なく、乗り継ぎは諦め、武生新駅から上鯖江、西鯖江と歩くことになりました。鯖江市は、鎌倉時代に創建された誠照寺の門前町として栄え、江戸時代は鯖江藩の城下町。眼鏡、漆器、繊維が三大地方産業で、特に眼鏡フレームは日本一の生産量を誇っているのです。ご存じですか?町名もなかなかで、屋形町には御殿商店街などがあり、かつての宿場町を思わせる町並みもありました。

上鯖江には、酒伊繊維工場があります。現在はテキスタイルの会社が使用していましたが、昭和17年建築の10連と6連の木造鋸屋根工場は当時の姿を見せてくれました。タイミング良く福武線に

酒伊繊維工場（上鯖江）10連と６連の鋸屋根がある

乗れた私は、水落で下車し車窓から見えた鋸屋根を探索しました。木造3連の鋸屋根、訪ねると現役の織物工場でした。かつて周辺にも工場はたくさんあったけれど、ほとんど取り壊したり、積雪に耐えるようドーム型の屋根に変えていると話をして内部も撮影させて下さいました。「北陸の雪は水分が多く鋸屋根には適さないようだ。けれど北採光の明かりは貴重なので、採光面は短くとり工夫してきたよ」と苦笑いの工場長でした。

小学校の先に昔からの織物工場がある、と教えてもらい、20～30分歩くと竹薮が見え、すると目を疑う光景が現れてタイムスリップしたかのようでした。大きな木造建築物は織物工場でした。訪ねて話をうかがうと、詳しいことは分からないが、明治末ごろの創業で、かつては鋸屋根工場はあったが、取り壊して半分はドーム型の屋根に変えたそうです。かつて水落には織物工場がたくさんあったがや、と寂しそうな顔で話をして下さい

操業停止の鋸屋根工場（鯖江）

ました。

日本の織物産業を築き上げてきた鋸屋根は奥が深いと改めて思いながら、水落では鋸屋根を5棟発見し、再び福武線に乗り、神明、鳥羽中を過ぎた頃には日没となり、福井へ戻りました。

第三章　近畿・四国・九州地方

31

丹後ちりめん歴史館

京都府丹後市

丹後ちりめん歴史館内部

丹後の地場産業として有名な「丹後ちりめん」を訪ねてきました。丹後地方は、京都府の北部、日本海側に面した丹後半島一帯をいいます。丹後ちりめん生産の主たる地域は、丹後２市（京丹後市、宮津市）４町（加悦町、岩滝町、伊根町、野田川町）の区域です。

丹後織物の歴史は古く、約１２５０年前、奈良時代に丹後の国鳥取で織られた絹織物「あしぎぬ」が、聖武天皇に献上された記録も残っています。また、平安、室町期にも「精好《せいごう》」や「撰糸《せんじ》」という織物が織られていたということです。

「白絲のくるほとまてはよそにても戀に命をかけてへしなり」。これは、天性の美貌と歌才に恵まれ、情熱的な名歌を残した王朝の女流歌人、和泉式部の一首です。丹後織物の歴史は奥が深いです。

南北朝時代、丹後で絹織物（丹後精好）が生産され、「ちりめん」の産地として形成されたのは、享保15年（１７３０）に峰山の絹屋佐平治が、京都西陣から撚糸などの、当時としては先端的な技術を持ち帰り、その技術を元に創織した「ちりめん」が現在の「丹後ちりめん」の始まりだそうです。その後、丹後地方全体に広まり、丹後の地場産業として根付いています。

その歴史ある「丹後ちりめん」の工場、鋸屋根に情熱を抱き、私は北近畿タンゴ鉄道で、野田川町を探索してきました。例のごとく京都での仕事を受け、待ってました！とばかり朝一番の新幹線で出発したものの、野田川町に着いたのは昼過ぎでした。紅葉が見頃の京都までは、老若男女で満席、「どこが不景気なのか？」「私だけなのか」などと呟きながら乗り継ぎした訳です。野田川駅で下車したものの、なんとも閑散としており、タクシーの運転手さんに話を聞くことにしました。以前は「ちりめん街道」といわれ、三角屋根の工場がありましたが、「取り壊してしまったけれど、資料館にしている工場がある」と案内して下さいました。

かつて野田川町内には、3カ所の大きな工場があったそうです。国道176号線をタクシーで約10分、のどかな場所に「丹後ちりめん歴史館」の看板があり、その奥に鋸屋根工場はたたずんでいました。

昭和10年に建設された鋸屋根は工場群跡地をそのまま利用し、そのうちの3棟を「丹後ちりめん歴史館」とし、織りから染めまでの全工程が見学できるようになっていました。広い敷地内には女工さんたちの寮と思われる建物も残っており、かつての繁栄振りがうかがわれました。館内に入ると北窓からの柔らかで安定した自然光が注ぎ、鋸屋根の空間に心が癒されます。

昭和初期の八丁撚糸機やジャガード織機を管理し作動させていたおじさんは、かつてのベテラン職人でした。話をうかがうと、この周辺に同じくらいの工場が3カ所あり、ガチャ万時代は、この町も羽振りが良く、大きな屋敷もあり、「ちりめん街道」と呼ばれていたそうです。

この工場は、競売にかけられ町役場が落札した場合に

館内に展示されている八丁撚糸機など

丹後ちりめん歴史館の鋸屋根

は、建物や工場は取り壊されて分譲宅地になる計画があったそうです。

　江戸時代中期から300年にわたり伝承され守り継がれた丹後絹織物。すでに2社は取り壊され、その姿はなく、このままだと工場の思い出や歴史が消えてしまう！と3人の機屋が全力投球し、達成した証が、この歴史館だそうです。「偉い」と声を張り上げてしまいました。

　子供の頃、母が機織りをし汗水流し、共に生き生活を支えてくれたノコギリ屋根工場は、3人の強い思いから、丹後ちりめんの歴史と職人の技を、後世に伝え残し、甦りました。

　丹後地方に限らず、こうした産業遺産を取り壊す前に今一度、もう少し広い目で考えていただきたい。目先だけの見せかけだけの形は、もう必要ないと思います。

32

岸和田紡績の名残

大阪府和泉地方

漆喰壁が多く残る鋸屋根（和泉市春木町周辺）

江戸期を通じて全国有数の綿作地だった泉州は、江戸末期の開国により、海外から紡績の機械技術と安価な綿糸が輸入されるようになり、綿花農家は激減していきました。しかし、早くから工場制手工業を導入してきた和泉地方では、いち早く工業化への転換に成功し、江戸期を通じて泉南の政治経済の中心地は岸和田でした。

地元経済人に、寺田甚与茂《てらだじんよも》（嘉永6年〜昭和6年）がいます。寺田家は江戸時代には、酒造業を営む岸和田城下の有力商人でした。豪商寺田家により明治27年（1894）、岸和田紡績が創設され、次々と紡績工場が設立され、同時に関連企業である電力、鉄道、金融などが集積し明治末から大正時代、岸和田は企業城下町でした。

町には赤煉瓦《れんが》造りや石張りの洋館が建設され、今も数カ所、現存しています。私もいくつか見ました。明治30年ごろには、工場や工員寮が立ち並んでいたそうです。岸和田紡績跡地には、岸和田小学校が建っていました。当時を想像しながら町を歩きましたが、それら工場跡は現在ではマンションや商業施設になっていました。ですが、民間の鋸屋根工場は残っています。

臨海地区を諦め、国道40号から、226号を内陸方面に向かいました。和泉市春木町です。道路から鋸屋根がギザギザと顔を出しました。道路に階段があり下りると、6連の木造鋸屋根です。堂々と立っていました。ガチャンガチャンと音がするので尋ねると、「建物は戦後だけど、詳しいことは知らない。建物も古く、壊したいけど、金がない。写真は外からならいいよ。綺麗に見えるようにね」と苦笑いでした。写真のように、鋸屋根部分は漆喰壁でセメント瓦葺でした。6連でしたが、3連、2連、1連と継ぎ足したように見えました。周辺が空き地になっていましたが、数年前まで鋸屋根工場が2〜3棟あったそうです。すぐ近くには松尾川が流れ、竹藪もあり、当時を想

４連鋸屋根は織布工場（和泉市春木町周辺）

像すると織物で栄えていたことがわかります。少し先にも鋸屋根があり、興奮ぎみの私でした。

父鬼和気線（２２６号）を行くと機織りの音が聞こえ、細い道を入ると鋸屋根が顔を出しました。訪ねると「社長は留守だから、話は後で来て下さい」と言われ、「外からなら撮影してもいい」と許可をもらいました。３連の木造鋸屋根、鋸屋根部分は漆喰壁で瓦葺きです。採光面はふさがれていましたが、ガラスが見えました。

聞き取りはできませんでしたが、建物は戦後のようです。すぐ裏に２連の木造鋸屋根がありました。現在は貸倉庫に使用とのことで、話は聞けませんでした。この鋸屋根の幅は長く、カメラに収まりません。訳を知りたい…と再び前進です。

２２６号沿いに綺麗な４連の鋸屋根を発見です。２連目に、飲料水自動販売機が設置され、入口のシャッターは閉っていました。飲料水を買って飲んで眺めていると、「何か用ですか？」と声

空家になっていた鋸屋根内部

を掛けられました。「綺麗な鋸屋根ですね、織物工場ですか？」「織布工場ですよ。古くて汚いので、表だけ修復したのですよ。裏に回ればわかりますよ」と案内してくれました。

とんでもない光景が現れました。「素晴らしいです。見事な木造の鋸屋根です」と興奮してしまいました。ここも漆喰壁でセメント瓦葺き、採光面には硝子がはめられ、鋸屋根の美を放っていました。社長さんが留守のため内部は見られませんでしたが「誉めてくれたお礼に、外からは撮影していいですよ」と許可をもらいました。建物は昭和25年ごろの建築らしいです。次回は社長さんを訪ねますと言うと「この辺にも機屋は数カ所あったけど、不景気で辞めて取り壊しました。この先に大きな工場があるはず。鋸屋根ですよ」と情報をもらい訪ねると、飯坂織布株式会社の看板がありましたが、工場は数年前に操業停止したそうです。４連木造鋸屋根でした。

33

牛毛から羊毛へ

大阪府泉大津市

黒塗で武士のような鋸屋根（泉大津市内）

大阪

府南部の泉州地域は、室町時代に綿花の栽培が始まり、江戸時代には木綿織が盛んとなり、繊維産業の基礎となりました。その後、明治期になると外国（中国やインド）綿の輸入が開始され、海外の安価な綿花が急増した結果、国産綿花の生産が減少していきました。

一方明治21年ごろ、真田紐製造業者が輸入毛布を模倣して、牛毛を綿とともに紡いで牛毛布を製織し、この頃から毛布製造業が次第に増加していきました。

泉州地域は、全国有数の綿作地で、繊維産業の盛んな所として知られていましたが、時代の流れとともにさまざまな変貌を遂げ、従来の木綿生産に加え「毛布」製造という新たな産物を生み出し、毛布の一大産地、繊維の町としての姿を今も保っています。

私が訪ねた岸和田周辺の織布工場は、操業停止や取り壊しが多かった理由には、こうした現実があったようです。国内で生産される毛布のほとんどは、泉大津とその近隣地域で製造されています。岸和田から泉大津に向かうと、大津川が流れています。その周辺にはたくさんの毛織や毛糸紡績の工場が立っています。深喜毛織、中島毛糸紡績、甘佐毛織、泉州羊毛など大きな工場です。

工場は鋸屋根です。2〜5連程度でしたが幅がカメラに収まらないほど長いのです。工場は企業のため内部はもちろん撮影禁止でした。今回の鋸屋根探索は現状を知るための撮影でしたから、工場をしっかり見ることにしました。

日本初の毛布は、明治18年（1885）ごろ、泉大津で誕生したそうです。素材は、牛毛です。最初は服地を作ったそうですが、ゴワゴワしているのと匂いのために売れず、寝具にしたそうです。ところが「赤ゲット」と呼ばれ、庶民の憧れの的だった舶来毛布には全く及ばない代物だったそうです。しかし人々は諦めず柔らかい肌触りを求めて悪戦苦闘し、乾燥させたアザミの実であるチーゼルによる起毛など、さまざまな技術開発を繰り返し、結局、牛毛を綿に換え毛布との格闘が、大きな力となり自信となったと言われています。

綿毛布は、大正に入るとピークを迎え、国内で生産される毛布のほとんどが、泉大津とその近隣地域で作られました。当時は見本もなく、柄見本を郵送すると、千枚単位で注文が電報で来る、という異常な時代だったそうです。大正6年（1917）の綿毛布生産は前年の10倍、明治後半期の400倍の155万枚以上という記録がありました。その頃の通りには「○○工場、○○毛布」などの看板を掲げた工場がたくさんあり、工場は大きな屋敷くらいで、民家と並んで建てられ、ごく自然に溶け込んでいたようです。「あるのが当たり前」の日常性が、紡績／織り／起毛などの分業によって日本一の毛布産業になっていたのかもし

泉州羊毛工業（株）紡績部と染色部がある

泉州羊毛工業（株）７連の鋸屋根は長いのです

れません。

その一つである工場は泉州羊毛工業ですが、紡績と染色部に別れています。いま毛布の主流は、マイヤー毛布です。

２枚の地布を編みながら、同時に毛足となるパイル糸を編み込み、間をカットして２枚に分離させ、表裏を逆にして、張り合わせて仕上げます。染めはシルクの版を何色も重ねる方法で行います。

内部見学や撮影はできませんでしたが、外からの撮影だけ許可され、感心しながら撮影していると、「工場は絵になりますか？」と聞かれ、「いい建物、いい工場ですから絵になります」と答えると、「染めでぼかしの入った繊細な柄も染められますよ」と、さらりと答えた人は染色部の職人さんでした。「凄い技術ですね」と驚く私に「特別難しいことはないよ」と微笑み、一言だけでした。

34

播州織工場から酒造倉庫へ

兵庫県加東市

神結の酒造庫に使用されている鋸屋根（加古川）

北播磨

地域は、兵庫県のほぼ中央に位置し、西脇市・三木市・小野市・加西市・加東市・多可町の、5市1町です。日本のヘソ（東経135度、北緯35度）と称せられている、地理上の日本の中心地（西脇市）があり、日本の標準時を定める子午線が南北に貫いています。地域の中央部を貫流している加古川は、県下最大の河川で流域には、播州平野が広がっています。

北播磨地方は経済の骨格として長年、地域を支え続けてきた地場産業「播州織」があります。機屋が、ガチャンと動くたびに、万ほど儲かる「ガチャ万」などの言葉を生み、産地独特の文化や人間の気質さえも形成してきた歴史があります。

東京から新幹線で新大阪下車、東海道線に乗り換えて加古川下車、加古川駅より加古川線の滝野駅で下車します（余談ですが、加古川線の車窓から、鋸屋根がいくつか顔を見せてくれます）。滝野駅からは、加古川に架かる滝野大橋を目指し歩き始めると、目にも鮮やかな播州平野が広がります。国道17号を10分くらい歩くと、木製の看板に「神結」入口と赤い矢印が記されていました。私が訪ねたのは、8月上旬の真夏でしたから、木陰が恋しく矢印方向に曲がりました。蔵が見え、その間から2連の鋸屋根が頭を出していました。吸い込まれるように進むと、加古川です。川沿いを歩き大きな木が見えると、姿を見せてくれました。木造8連の立派な「鋸屋根」です。

加古川下流にたたずむ、鋸屋根工場です。あの蔵から見えたのは、その一部でした。感動で、釘付けでした。工場からは何の音もしません。工場の脇道を抜けると、あの蔵にでました「神結／かみむすび」酒造です。

不思議です。暑さのせいか、8連もの鋸屋根工場は、織物工場ではなく清酒製造会社でした。

酒造工場を訪ねると「夏場は工場の方は休みですが、商品はこちらです」と案内され、酒類の説明を聞きました。

「工場は加古川闘龍灘の下流に置き、主銘柄は「神結」「闘龍灘」です。神結の名の由来は蔵の裏手、社のそばに生えた2本の樫の木が結えて1本のように見えたことから命名しました。北播磨は山田錦（酒米の横綱）の産地です。酒造は古くから盛んで、山田錦の純米酒、吟醸酒は人気があります」

とパンフレットを頂戴しました。

ここまで説明を聞いた後、工場の鋸屋根について尋ねました。

新酒の時期だけ、酒造工程などの展示会場にしています。今は倉庫になっていますが、ご覧になりますか?と案内してくれました。

想像以上に傷みがなく感動している私に、「ですが酒造庫に使用するには光が入り過ぎます。ですから2連を残し他は天井を張っています」ではなぜ、鋸屋根にしたのか、尋ねました。

「私が嫁いで来た時には、酒造工場でしたけれど、昔は播州織の工場だったと聞いています。建物について詳しい事は祖父に聞かないと分かりませんが留守です。多分、戦前か戦後間もない頃かと思います。酒造の方は設立明治19年です。よろしいですか？」

と親切な応対に感謝し、次回は新酒の時期に訪

酒造庫・鋸屋根内部

ねることにしました。

「酒飲めば心なごみてなみだのみかなしく頬を流るるは何ぞ」若山牧水酒の詩歌句集より頂戴した酒のパンフレットに掲載されていました。播州織で栄えた時代、機屋の旦那衆は接待で神結を振る舞っていたのかも。

かつては播州織工場だった鋸屋根は、酒造庫として活用された

35

播州縞・発祥の地

兵庫県西脇市

西脇市内の「旭マーケット」と呼ばれていた旧商店街

加古川の上流に位置する西脇地方は、播州《ばんしゅう》縞《じま》発祥の地です。現在は「播州織」と称されています。起源は古く、寛政4年（1792）に宮大工が京都、西陣から織物の技術を持ち帰り、伝えられたそうです。宮大工が、どうして播州縞を起こしたのか、不思議です。

　謎を解くため少し調べてみました。宮大工の名は、飛田安兵衛《ひだやすべえ》、比延町（現在の西脇市比延町）に住んでいました。享保13年（1728）の生まれで、文化13年（1816）88歳で亡くなりました。天明8年（1788）京都の町が大火に遭い、その復旧のため上京して管大臣神社の再建に当たり、その傍ら織機製作を習得し、帰郷後、寛政4年（1792）に織機を造りました。この機を長機《ながはた》と唱え、村内の製織事業の始まりだといわれています。その後、農家の副業として普及し、次第に近くの村々にも広まり、織物が盛んになりました。西脇をはじめ播州地方は、すでに1700年代初めより、綿花の栽培が始まり、自家衣料用として栽培され始め、これらの綿織物技術が「播州織」を芽生えさす基盤となっていったのです。加古川の水質が、気候が、地域環境が播州織を育んできたのです。

　安兵衛は、播州地方が織物業に適した環境を持っている、と察していたのでしょうか。安兵衛が京から持ち帰った織機製作は、宮大工だから成し遂げられた、匠の技だったような気がします。大正6年は安兵衛の没後100周年に当たり、新渡戸稲造の撰文で「飛田安兵衛翁記徳碑」が建立されました。

　その撰文末尾にある里人が、安兵衛に感謝する気持ちを盛り込んだ和歌一首があります。

「里人は君が勲（いさを）を珍機（うづはた）の
撚糸（よりいと）長く身にまとふらむ」

　さて私は加古川線の「西脇市駅」で下車したのですが、車窓から5〜6連の何棟かの鋸屋根を目撃してしまい、確認するため戻ることにしました。国道沿いを歩くこと約10～15分経過、見えてきました。

道幅以上はある、横長2連の木造モルタル鋸屋根です。縦看板には富士繊維協組合とあり、奥に事務所があります。その横にも2連の鋸屋根が見えました。そのまた隣に木造4連鋸屋根と蔵があり、立派な構えです。

その脇道に入ると6連鋸屋根と4連鋸屋根が見えます。その先は加古川線の線路です。この辺が車窓から見えた風景だったのです。時計を見ると正午過ぎ、限られた時間しかなく、急ぎ足で西脇市駅に戻りました。が、乗り遅れました。市内バスは出た後でした。再び歩くことに。国道は歩道が狭くトラックが通過するたびに、体が宙に浮くようで緊張しました。徒歩約10分西脇大橋です。橋を渡ると広い空き地の奥に、2連の鋸屋根が顔を出しました。国道を避けて杉原川沿いを歩くと、織物の町らしい風景です。

「播州織」の一番の特徴は、先に糸を染めてから織る「先染織物」です。糸を各種の色に染め上げ、これらの色糸を使っていろいろの模様に織り上げる点です。

染色に欠かせないのが豊富な水です。染料を溶かしたり、染め上げた糸を洗

加古川線の線路近くにある６連と４連の鋸屋根

富士繊維協組合の蔵と４連鋸屋根工場

ったりするのに必要なのです。優れた水質と豊かな水量に恵まれた杉原川は、染色に適した軟水で、貴重な水源でした。明治から昭和初期にかけて、川は水洗いの作業場でした。

川沿いを、犬と散歩していたおじいさんから昔話を聞きました。「子供の頃、川で泳ぐ時、白いふんどしを水中でピンクや青に染めて遊んだもんだよ」。戦前まで、そんなのどかな風景が川のあちこちで見られたという。

町の様子を尋ねると、昔は旭マーケットと呼んでいた商店街があり、飲食店や商店が立ち並び、町は賑やかだったという。

古き良き時代です。

36

12台のベルト式織機を操る職人の技

兵庫県黒田庄市

播州織工房館

西脇市内を流れる杉原川沿いを、駅から歩いて約20分、町の中心街に来ました。市内を走る車は、神戸ナンバーですが、町の雰囲気は少々違い、静かで閑散としていました。播州織で栄えた西脇市の現状を知りたくて、西脇商工会議所を訪ね話をうかがいました。

「播州織《ばんしゅうおり》」は綿織物で、兵庫県西脇市を中心とした地域で行われた地場産業です。先染めによる平織りが有名で、主にチェックやストライプ柄のシャツ地として利用されています。かつては欧米や中東、アフリカにまで輸出され、年間出荷額が約1千億円にもなりました。「播州織」の生産量は、昭和62年の約3億8、800万㎡をピークに減少傾向にあり、平成18年の生産量はピーク時の2割にまで減少しています。バブル景気の崩壊や安価な外国製品の流入により、厳しい市場環境が続いています。繊維産業の構造的不況を解決する糸口は、なかなか見えないのが現状です。

しかし、これまで幾多の困難を乗り越えてきた「播州織」は、西脇市発展の基盤であることから、平成18年から「播州織ファッション特区事業」を展開し始めました。播州織工場跡地を有効活用した「播州織工房館」を開設し、産官学連携による商品開発やショップ経営を行っています。西脇商工会議所が母体となり「西脇ＴＭＯ」を立ち上げました。タウン・マネージメント機関の略語で、活性化のための人、モノ、金、情報を集め、ここを起点にまちづくりを展開しています。「播州織工房館は、ここから近いですから見て行って下さい。かつて播州織の工場だった鋸屋根の内部に、色々展示してあります」と親切丁寧に話をして下さいました。播州織も鋸屋根工場から生まれたのです。

では鋸屋根の現状は、どうなのか?残念ながら建物である工場については、特別調査などはしていませんが、「西脇ＴＭＯのメンバーに詳しい人がいます。運が良ければ、工房館にいるかもしれませんよ」と言い、「まち歩きマップ」を下さいました。

西脇駅を下車し、西脇商工会議所までの間に2連の鋸屋根を確認していました。商工会議所の横に、西脇ロイヤルホテルがあり、バス乗り場があります。この場所が以前の西脇駅で「旭マーケット」と呼ばれていた旧商店街があったのです。播州織りの女子従業員寮もあり、賑やかだったそうです。商工会議所周辺には、4~5棟の鋸屋根を確認し、蓬采橋を渡ると細い路地があり、この辺も機屋がたくさんあったのだろうと思える町並みです。その一角に「播州織工房館」があります。工房は鋸屋根工場をそのまま使用し、良い空間でした。

建物について詳しいことは分かりませんでしたが、商工会議所で話してくれた「運が良ければ詳しい人物」に会えました。「鋸屋根を探しているの?黒田庄の方へは行きましたか」突然の質問でした。「まだ行ってません」としか答えられず、モジモジしていた私を見て「時間あるなら案内しますよ。ベルト式織機も見ますか」「はい、お願いします」とまるで、ガイド予約をして

12台のベルト式織機を操る職人さん

ガチャンガチャンと大きな織機の音がする内部

いたようでした。

車でガイド役をしてくれた人物は、岸さんです。

「鋸屋根は後にして、ベルト式織機を先に見ましょう」と携帯電話で連絡を入れました。

「東京からベルト式織機を見たいという人を、今から連れて行きます」と話し、車で加古川沿いを走り、黒田庄駅付近で細い路地に入りました。

聞こえてきました。ガチャンガチャンと大きな織機の音です。訪ねると機屋の旦那さんが「声が聞きとれないけど、入って見て下さい。どうぞ」と言われ、足を踏み入れて驚きました。

ベルト式織機が12台もあり、職人は一人です。感動し大声で話しかけると、「播州織を昔は工場《こうば》織《おり》と言って、365日暇なし。この音と工場と45年間連れ添ってます。いろいろな人からいろいろな注文がきて、気か付けば機織りを続けていた。写真写りは良くないから、顔は駄目だよ」と苦笑い。職人魂をのぞきました。

37

煙突とギザギザ三角屋根

岡山県茶屋町

（株）丸五の煙突と鋸屋根

倉敷

市茶屋町、響きの良い町名だとは思いませんか。4～5年前のことです。高松方面での仕事を終え次の目的地、岡山へ行くために乗り込んだ瀬戸大橋線で、偶然目にした鋸屋根工場があります。

香川県坂出市と岡山県倉敷市を結ぶ、延長9・4㎞の道路鉄道併用橋、瀬戸大橋からの眺めは都会を脱出し瀬戸の海に抱かれた気分になります。間もなく児島駅その先です。大きな煙突が見えると鋸屋根が続きます。あわててメモ書きした茶屋町駅と、鋸屋根を訪ねて来ました。瀬戸大橋線に乗り込み、茶屋町駅下車です。工場とは連絡もしていませんから、当たって砕けろ精神でした。

工場入口の守衛室を訪ね「日本の産業を築き上げてきた産業遺産、鋸屋根工場を撮影させて下さい。写真家の吉田敬子です」「はい、ただ今連絡致します」とメモを見て「どうぞ事務所の総合企画室へ行って下さい」と、何ともスムーズな流れでした。後で分かったことなのですが、守衛さんは私を別な人と勘違いし、許可してしまったのでした。総合企画室を訪ねると、不思議な顔をされてしまいましたが、目的を告げると「珍しい人だけれど熱意に圧倒されました。あまり時間は取れませんが、どうぞ」と商談室で話をうかがい、工場内の撮影も許可していただきました。

「大正5年、丸五タビの商標で丸五工業として設立。布にゴムを張り付ける方法により、地下足袋や手袋、運動靴の製造が始まりで、安全シューズや自動車部品、OA商品など、伝統に培われたノウハウを基盤として人々の生活の場にお届けし続けています」

と話され、「知っていますか」と地下足袋を見せて下さり、会社のパンフレットをいただきました。「やる気、根性で挑戦し、目標達成に邁進します。安全でゆこうヨシ！は会社のスローガンです」。新しい商品などのお話をうかがい、工場内部を案内していただきました。私以上の熱弁と「写真家さんの言う、日本の産業遺産を当社でよければ撮影し残し伝えて下さい」と言われた言葉が忘れられません。

茶屋町の発祥は倉敷を結ぶ茶屋町街道から町の入口に架かる茶屋町橋の約100m上流にある水門橋辺りで、かつては児島湾に抜ける汐入川の水門の要衝で船留りがあったそうです。周りには人夫相手の茶屋、船宿や問屋が軒を並べたことによって町が形成されいきました。その後、金比羅参りの街道になり参拝客相手の茶屋が増え一帯は茶屋町と呼ばれたそうです。

江戸時代、領主であった戸川氏によって、早沖は、い草栽培、帯沖は綿花栽培が奨励され、それぞれ畳表と小倉織、タビ製造が地場産業として培われてきました。特に明治時代中期には、い草が原料の「花莚／かえん、はなむしろ」が日本を代表する輸出品に数えられるほどでした。花莚については次項で詳しく説明します。丸五の工場裏に線路が残っていました。高架の瀬戸大橋線ができる前の茶屋駅の名残だそうです。

工場建設は昭和初期で、詳しい事は分かりませんが敷地内に立つ鋸屋根工場は、3棟ありますす。古い順から、4連木造瓦葺は黒塗りされ

鋸屋根の内部

敷地内に建つ鋸屋根工場は３棟あり、迫力がある

歴史を感じます。現在は事務所棟10連木造瓦葺はピンク色に塗られモダンな工場と倉庫に使用されています。6連の鋸屋根はグレー色で工場らしい形でした。

「下からでは屋根が良く見えないから、特別な場所を案内します。社員も大半は知らない、かつて寮だった建物です」と案内され、2階の窓を開けると、目の前に広がる光景は鋸屋根、屋根、屋根の連続でした。声も出ません。あっぱれ!!凄い迫力でした。

瓦は遠州産だそうです。かつて茶屋町にはセイショク、丸王、丸五と3社があり、栄えていたそうです。工場裏に残された線路は丸五の工場横を通り、駅舎門が正面入口にあったそうです。工場の思い出話は久し振り、と目を細くして語って下さいました。

「いま　やらねば　いつ　できる　わしがやらねば　たれがやる」。工場内に貼られていました。岡山の偉い人の言葉だそうです。

38

錦莞筵《きんかんえん》の発明者・磯崎眠亀

岡山県倉敷市

花筵織成の光景（岡山県案内写真帖　大正15年）

茶屋町の偉人、磯崎眠亀《いそざきみんき》は、天保5年（1834）現在の倉敷市茶屋町に生まれました。生家は、小倉織を扱う商人・織元でした。岡山は繊維業の盛んな土地柄で、実家を継いで帯地の製造などをしていましたが、イギリスから輸入された紡績糸を見て、刺激を受けました。ところが外国糸は撚《よ》り方が反対だったのですが、眠亀は天性の発明家で、新しい小倉織織り機を発明し、美しい小倉帯地を作り上げました。これをきっかけに、次々と新しいものに目をつけ、一間幅のカヤ地を織ることに成功し、八畳敷いっぱいの大敷物を作る機械も発明しました。

やがて時代は明治となり、古い時代から新しい時代へと激しく変わっていきました。政治が変わっただけでなく、産業界にも大きな変化が現れました。特に岡山県に関係したものでは、畳表の売れ行きが急落。この時も眠亀は「地場産業が亡んでいくのを見過ごす訳にはいかぬ」と当時は二人織のはた織り機を、安価な賃金だけで織れるようにと考え、苦心の末ひとり織りの畳表織機を作り上げました。明治7年、畳表の織機を座式から立ち織り足踏み式に改良し、畳表が安価に作れるようになると一般に普及し、業者も増えました。

が、これだけで満足する眠亀ではありません。翌8年には、自分で設計した研究室で次の発明にとりかかり、明治11年（1878）、郷土茶屋町の眠亀が家業の小倉織りから花莚《はなござ》の生産に転向し、悌型筬《ていけいおさ》を発明、広組《ひろくみ》縮織《ちぢみおり》の技法を考案して、繊細な図案の莚《ござ》を織ることに成功しました。その後明治12年、塩基性染色法を発明して、イ草に美しい色を付け、さらに模様押入機を発明して、実に美しい花むしろ（花莚）を作り上げたのです。眠亀の開拓精神はついに実を結びました。これが今日の郷土産業を代表する花莚「錦莞莚《きんかんえん》」の完成姿なのです。

明治19年、岡山に磯崎製莚所をつくり、玉島、茶屋町その他八つの工場をつくり、従業員も千人を超す実業家になりました。とは言え、眠亀が研究に打ち込めた裏には、妻「たか」と助手たちの苦労と協力があったからです。研究中の家計は苦しく、米を買うため、たかは着物や道具を売り内職をし、工面したそうです。

錦莞莚は高価でしたが、海外で好評を得、岡山県の産業はもとより、日本の産業に大きな功績を残しました

茶屋町は響きのよい町名だけでなく、猛烈な発明家や研究家が生まれた町でした。特に明治時代中期にはイ草が原料の「花莚」（かえん、はなむしろ）が日本を代表する輸出品に数えられるなど、隆盛を極めたのです。現在もイ草は一部で栽培され、「花莚」は先代の錦莞莚を目標に日々研究を重ねられ、はなござ・イ草テーブルセンター・イ草民芸品として製造販売をしています。

岡山からストレートに東京へ帰れないのが私です。以前聞いていた、瀬戸方面にある鋸屋根工場を探索してきました。岡山駅から山陽本線で瀬戸駅下車、目印は瀬戸橋の手前辺り。情報はここまでです。行くしかない。駅前の小さい商店街を抜ける

富士織物 KK の鋸屋根　山陽本線、瀬戸駅下車徒歩20分

7連と幅の長い鋸屋根（富士織物KK）

と、田畑が続きます。訪ねた時期は9月中旬でしたので、瀬戸町の澄んだ青空と田畑を満喫しつつ歩きました。約20分経過した頃、電柱看板に「富士織物KK」とありました。

看板の矢印方向に進むと、現れました。7連の木造鋸屋根です。2連の採光面は南向き、背中合わせに5連の北採光の鋸屋根です。訪ねて話をうかがいました。手前の3連は、昭和23年ごろの建築で、後は昭和30年ごろに継ぎたして7連になっています。撮影に関しては、現在も操業しているので外部のみの許可をいただきました。

「遠方から来たのだから、外回りは好きに撮影して下さい。昔は周辺にたくさんの工場がありましたが、織物関係は工場をほとんど海外に移転したから、鋸屋根はここくらいですよ。寂しい気持ちもあるけれど、現実は厳しいよ。いつまで残せるか難しいですが、やるしかないのが現状ですよ」と苦笑いで話をして下さいました。

改めて鋸屋根を見つめてきました。先人の発明家、ものつくり日本の職人たちの声です。

「やるしかない」

39

危機を救った学生服

岡山県倉敷市

児島

三白（こじまさんぱく）とは、漁業・塩業・機業など児島産業を象徴するもので、イカナゴ・塩・綿の三白のことです。近世以前の児島は、東西36㎞、南北12㎞の島でした。岡山県南の歴史は、児島の北の広大な海を干拓陸化して、島から半島に変える中で、現在の岡山倉敷を中心とする平野を形成することでした。

児島地区は田地が乏しく生活を農業以外に求め、高梁川を中心とする新田開発などによって、江戸期には児島周辺地域で商品作物として、綿作が普及しました。農業の余暇に綿を加工して糸に替え、糸を撚って太い糸にし、それを機で織って紐や布を作る仕事が村々で行われるようになり、真田紐・織物・足袋の生産販売が始まりました。「由加へ参ったら、金刀比羅へ参れ。片方参りはせぬように」（これは当時盛んだった由加・金比羅の両参りのこと）などと宣伝上手もあって、小倉帯・真田紐・袴地などが参詣客に喜ばれ、中でも真田紐《さなだひも》は、平たく織った細い紐で丈夫で伸びないため、刀の下げ緒、下駄の鼻結びなどに使われ人気があり、評判となって旅人を介して全国に知れ渡っていったそうです。

明治時代には、政府が殖産興業を目指し、近代的な紡績業の育成を開始。明治15年、下村に「下村紡績所」ができ、繊維産業の基礎を築きました（昭和63年瀬戸大橋が開通した翌年、解体撤去されました。赤れんがの紡績工場、残してほしかったです）。その後、廃刀令により真田紐は需要が激減し足袋などに移行、動力ミシンの導入により、大正期には生産量1千万足を超し日本一を誇るようになりました。

大正末期から、人々の生活習慣が和装から洋装へと西洋化し足袋の需要は激減しました。この危機を救ったのが、足袋の裁断・縫製技術などを生かした「学生服」でした。技術に加え労働力や生産設備があったことから「児島の学生服は安くて強い」という評価が全国的に高まり、昭和30年代後半には年間生産量が史上最高の1千万着を超え、再び児島は甦りました。皆さんも児島の学生服にお世話になったかもしれませんね。

倉敷から瀬戸大橋を渡る手前が児島です。倉敷駅からバスで約1時間、児島駅着です。児島はかつて岡山県児島市でした。瀬戸内海工業地域の中心にある、水島のために高梁川の河口を埋め立てる時、当時の倉敷市、児島市、玉島市の3市の境界線が訳がわからなくなり、合併したそうです。

瀬戸大橋の本州側で、昔は下津井軽便鉄道という、日本でレール幅が一番狭い鉄道が走っていましたが、廃止になり岡山や倉敷の町に出る鉄道が、しばらくの間なかったそうです。瀬戸大橋ができ、かつての塩田跡地に特急列車も止まる、JR児島駅ができました。駅前は広く、綺麗な公衆トイレとバス乗り場があり、閑散として商店街はほとんどなく、正直言って驚きました。商工会議

5連の鋸屋根は、現在ダンボールの会社が使用

綿業工場の鋸屋根（児島市内）

所でも自転車を貸し出していたので、足は確保しました。

時間がないので場所は私の記憶と勘のみ。乗って来たバスと同じ道を倉敷方面に戻るルートで、いざ出発進行です。約20分経過、見えて来ました。5連木造鋸屋根で立派です。撮影許可をいただくため、事務所を訪ねると中年男性が応対してくれました。ここへ来るまでの話をすると「ええ〜自転車で児島から来たの？ここはダンボール会社だよ」と驚いていました。創立は大正9年、工場は昭和15〜20年ごろの建設で、織物関係ではなかったそうです。

当社の裏にも鋸屋根工場があるけど、と案内してくれました。6連と2連の鋸屋根です。感激の私を見て「好きな事はできるうちに頑張りなさい」と励まされました。詳しい内容は聞き取れませんでしたが、この鋸屋根は綿業工場でした。児島周辺は綿の栽培に適し、江戸時代後期から木綿を原料とした紐や帯地を生産してきた歴史があります。鋸屋根工場は町の産業遺産、この町の歴史の証です。いつまでも、この町にたたずんでいてほしいものです。

40

複合観光施設・倉敷アイビースクエア

岡山県倉敷市

倉敷アイビースクエア（旧倉敷紡績）

「倉敷アイビースクエア」の名は知っていても、この建物について知っている人は以外に少ないようです。レストラン？結婚式場？ホテル？　現在はそうですが、ここは鋸屋根の紡績工場だったのです。

倉敷市は、倉敷川沿いの白壁の町並みが「美観地区」として有名な観光地です。その地区に倉敷アイビースクエアがあります。江戸時代の倉敷は、「天領」と呼ばれる徳川幕府の直轄領でした。その直轄領を支配していたのが代官で、倉敷アイビースクエアの敷地は代官所のあった所です。

日本で最初の紡績工場「鹿児島紡績所」は、石河正龍らの手により、建設されました。鹿児島紡績所と深い繋がりがあります。鹿児島紡績所は、島津家29代藩主島津忠義が、島津斉彬の意思を受け継ぎ大規模な様式紡績工場の建設を計画し、慶応元年（1865）イギリスから紡績機械の買い入れと技師を招き工場の建設が始まり、慶応3年5月工場が完成し、操業を開始しました。その後、石河正龍らが蒸気機関を導入し堺紡績所、鹿島紡績所を開設しました。これは「日本の始祖三紡績」と呼ばれています。

明治政府は明治14年（1881）に官営愛知紡績所を操業、次々に会社を設立しましたが、民間経営の紡績所に押され、すべて倒産廃業に追い込まれました。明治15年、渋沢栄一、藤田伝三郎らが大阪紡績を開設し、19年に三重紡績を再生、さらに明治22年、鹿児島と堺の紡績所を母体に「大原孝四郎の倉敷紡績所」が建設され、紡績業は民間資本によって大発展を遂げます。

明治21年に倉敷紡績所（現クラボウ）が設立され、翌22年代官所跡地に最初の工場が建設されました。明治の創業期に建てられた工場は、第二次世界大戦の終結の日をもち操業を休止し、倉庫として使用され、蔦（アイビー）につつまれたままだったそうです。外壁を覆う蔦は、工場であった頃に内部の温度調整のために植えられたそうです。昭和44年倉敷紡績創立80周年を記念し、原綿倉庫は倉紡記念館として生まれ変わりました。旧工場は１２０年以上の歴史ある赤れんがの外壁や鋸屋根の基本構造を残しながら、昭和49年複合観光施設に再生され、「倉敷アイビースクエア」が開業しました

　急激に近代化が進む明治時代に、当時の主要産業であった紡績で名を馳せた倉敷紡績の二代目社長大原孫三郎は「儂の眼には十年先が見える」が口癖で、事業拡張だけでなく父から受け継いだ奉仕の精神は、今も受け継がれています。当時の労働者や地域住民の生活は、倉紡に守られていたのでしょう。言い換えると労働者や住民が倉紡を築きあげ、その証が倉敷アイビースクエアという形で受け継がれ、歴史を伝承しているように感じます。

　内部は工場を改装し、鋸屋根の特徴を生かした貸しギャラリー、アイビー学館です。外壁に「鉄鈴《てつれい》」が付いたまま残されています。鉄鈴の意味は、工場操業の頃、始業・終業などの合図に使われていたもので、蒸気により鉄鈴が鳴る作動

当時を再現した模型

鋸屋根の採光面から差し込む光

装置もそのまま残っています。

現在の建物は建設当初の原形は失われていますが、赤れんがの外壁、半円形の窓、鋸屋根など当時の面影をうまく残した活用法、複合観光施設は見応えあります。しかし、無残に取り壊され姿を消してしまったのが現状です。今でも悔しく残念なのは、熊本駅前に立っていた赤れんが旧熊本紡績です。市民の反対運動も実らず市民の声も届かず取り壊され、跡地には行政関係が入るビルが建設されるそうです。

再開発とは何なのでしょうか。町の歴史や文化は資料館に納め、町は閑散としている現象が起きている反面災害で町も家も仕事場も、一瞬で失ってしまった。住み慣れた町を復興させ、この地で再び生きていく強い信念と強い絆は団結となり動き始めています。失った物は大きく残酷すぎる現実を目の前にして、生かされた命は生きる命となり、町の復興に力を注いでいます。

41

でんちゅう君と鋸屋根

岡山県井原市

鋸屋根の建築美、かつて織物工場だった（井原市）

井原線

に乗車し、のどかな風景に見とれている間に井原駅下車です。駅舎は天井が高くガラス張りです。駅員さんに聞くと「駅舎のデザインは、井原にゆかりのある那須与一の弓矢を模しています。市のマスコットは、でんちゅうくん、と言います」とパンフレットをもらいました。「でんちゅうくん」は鏡獅子の衣装を着ています。その人物は郷土の先人の一人、日本を代表する彫刻家の平櫛田中《ひらくしでんちゅう》です。市内に立派な田中美術館もあります。１０７歳で、その生涯を閉じるまで、明治、大正、昭和の三代にわたって活躍した日本彫刻界の巨匠です。昭和40年東京芸術大学名誉教授となった頃のアトリエが、東京の上野桜木町にあります。数年前そのアトリエを見せてもらったことがあります。北採光のガラスから差し込む柔らかい光に、感動したことを思い出しました。縁がありそうともらったパンフレットを見て驚きました。

「いま　やらねば　いつ　できる　わしが　やらねば　たれが　やる」

自らの信念や気概を託した田中97歳の書です。驚いた理由は数年前、倉敷にある鋸屋根工場を訪ねた時です。同じ書が額入りで事務所にあり、尋ねると「誰が書いたか知らないけれど、岡山の偉い人で社長の訓辞です」と聞いたことを思い出し、縁があると嬉しくなり、地図を片手に探索開始です。

駅前は広く綺麗に整備され、昔の面影はありません。20分くらい歩くと病院の駐車場から鋸屋根の頭が見えて来ました。表にまわり全景を見た私は立ち尽くしてしまいました。

6連の鋸屋根は白壁と赤茶色の瓦葺き屋根で、採光面のガラスも綺麗です。美型美人です。敷地は眼科医になっていました。尋ねると鋸屋根は眼科医のものでした。「撮影は外側なら構いません」と院長先生の許可をもらいました。見とれながら夢中で撮影していると、「どうですか？先ほどは失礼しました」と院長先生が挨拶に来ました。私は鋸屋根に魅せられた訳や、操業停止の工場は廃墟ではなく、たかが工場でもなく、そこには町の歴史が刻まれていることや、鋸屋根は日本の産業を築き上げてきた産業遺産の「証」であるなどと一気に話すと「内部を見ますか？」と案内して下さいました。内部の柱は白く塗られ、ベルト織機跡のシャフトやプーリがありました。「今日は主人が留守で詳しいことは分かりませんが、あなたの話を聞いたら喜びますよ。後日連絡を下さいね」と約束をして、縁をいただきました。

後ろ髪を引かれる思いで、井原駅まで戻りました。あの鋸屋根は市が管理して歴史資料館に活用すれば町のシンボルなのに…などと呟きながら東京に帰り、お礼の手紙を送りました。数日後に返事が来ました。「仕事などで忙しく、返事が遅れて申し訳ありません」と丁寧な挨拶から始まり、「建物に関する資料や古い写真を探していますが、まだ時間がかかるので、参考になるかわかりませんが、私の記憶をたどってみました」とありがたい内容でした。次のように記されていました。

工場は私の祖父が、大山織物合資会社の織物工場として、昭和16年ごろ建てたものです。当時、周りは田んぼで民家が点々とあるような状態でした。祖父は仕事には厳格で、建築現場にしょっちゅう来て、細かい注文をつけるため、大工の棟梁が度々「ほほろを売る」（方言で、仕事を放棄して帰ってしまうこと）始末だったと聞いています。それだけに、建物は頑丈で資材も良いものを使用しているので、いまだにほとんど傷んでいません。祖父の時代には、織機60台くらいで従業員60〜70人くらいだったと思います。昭和20年の終戦間近には、軍需工場が来ることになっていましたが、終戦となり織物工場は復帰しました。戦後

のガチャマン時代後は、合成繊維の時代となり、下請け工場となりました。その後祖父が亡くなり、私が退職して跡を継ぐことになりましたが、零細企業では経営が続きません。結婚した相手が眼科医であったため、織物業を止め、私が雑務を引き受けるということで、工場の事務所と応接室を取り壊して、眼科医院を開業して35年余りを経ています。工場の土地建物の、固定資産税を毎年支払い続けることは困難です。このたび太陽光発電設備設置のため屋根瓦を新しくしますが、鋸屋根の瓦はそのまま保存して、復旧できるようにします。

私は胸が熱くなりました。

個人で保存するには維持費が大変です。大山さんの鋸屋根を思う心は、先代が築いた歴史や日本文化の伝承です。この数年、撮影した鋸屋根は取り壊されています。建物は残っていても、それを知る人も減少しています。産業遺産である鋸屋根の歴史を封印しては、日本の文化を伝承できません。「いまやらねばいつできる　わしがやらねばたれがやる」。でんちゅう先生の声が私への使命のように聞こえました。

42

向島の帆布工場

広島県向島

向島紡績の赤レンガ造鋸屋根

尾道

市から向島へは、尾道大橋、新尾道大橋、渡船で本州と結ばれています。渡船は駅前渡船乗場、福本渡船乗場、尾道渡船乗場があり時刻ダイヤは、10～15分間隔で約5分の距離です。向島町は、温暖な気候のため、柑橘類や花の栽培が盛んで、ミカン狩りや洋ランの産地としても有名です。

私は尾道渡船乗場から運賃100円を支払い向島へ渡りました。「工房おのみち帆布」のスタッフからいただいた地図を片手にフェリー乗り場から、東西橋方面を歩くと目に飛び込んで来たのは、赤れんがでした。もしかして…と近づくと、5連赤れんが造の鋸屋根「向島紡績」でした。現在も操業中です。ここは、大正7年（1918）年に帆布工場として建てられた工場です。道路沿いの壁は、高さ5、6m、長さ約50mあり戦時中は、捕虜収容所となり、連合軍の英、米、カナダの捕虜260人が収容されていたそうです。カラーで紹介できず残念ですが、綺麗な赤れんがです。そのれんが塀の建物に、歴史を記したプレートが取り付けられていました。捕虜収容所の歴史に基づき、友好記念碑を製作しているのは全国に4～5カ所あるそうですが、鋸屋根工場のれんが塀に金属板のプレートが設置されていたのは、初めて出合いました。紡績業の鋸屋根工場が、戦争により捕虜収容所に使われ、その記念碑が刻まれ、私は少々複雑な思いでした。

工場は現在も操業しており、訪ねて話をうかがい内部も見せていただきたかったのですが、私の目的は帆布工場を訪ねることです。しかも限られた時間しかなく、残念でしたが、一礼して目的地を目指しました。

地図を片手に東西橋を渡り、テレビ塔が見えたら近くに広島銀行があります。その近くに工場はあります、と工房のスタッフから教えてもらい、川沿いを歩いて行くと、一人の男性がこちらを向いて立っていました。「工房から連絡があり、工場内部を撮影したい人が今から行きますので、よろしくお願いします」と言われました、と丁寧に出迎えて下さいました。男性の頭上には「尾道帆布株式会社」と大きな看板がありました。帆布は、その名の通り帆船の帆に使われる丈夫な綿布のことです。尾道帆布は、綿糸を撚《よ》るところから、整反に至るまでの工程全てを一貫して一つの工場で行っています。こうした工場は全国的にも珍しいそうです。現社長の祖父が、昭和9年に操業。当初は絹糸を紡ぐ工場としてのスタートでしたが、間もなく帆布生産に切り替え、現代も創業当時と変わらぬ場所で、当時の製法を守り続けている、とのことです。大正、昭和初期から帆布は、日常品から軍需としての生産が盛んになりました。

　尾道帆布も、朝鮮や樺太や台湾など戦地に送られていたと言います。後の昭和30年、朝鮮戦争が終わりを告げると軍需が落ち込み、少ない日常品の製品も帆布から化学繊維と移り変わり、全盛期には10カ所ほどあった帆布工場も次第に減り、尾道向島だけとなりました、と話をして下さった男性は、現社長の息子さんでした。

尾道帆布の工場内部

外からは見えなかった鋸屋根内部

工場内部を案内していただき私が感動していると、「工場を誉めてくれた人はあなたで２人目です。最初の一人は工房の代表、木織雅子さんです。あの工房にある機械は、ここから持って行かれました。熱心な人たちです。工房で使用する帆布は、この工場で織っていますから、写真は好きに撮影して下さい」と親切な口調に頭が下がりました。

工場の正面からは、鋸屋根は見えませんでしたが、内部の採光面は紛れもない鋸屋根でした。鋸屋根は3連2連、2連の継ぎ足しで、一番新しい工場は鋸屋根ではありませんでした。事務所棟は、昭和26年ごろの建物で、それぞれ詳しい年代は社長が留守でわかりません、とのことでした。忙しい時間帯でしたが、親切丁寧に説明をしていただき、ありがとうございました。先代が築き、創業当時と変わらぬ製法を守り続けている職人は、また一つ、私の宝物となりました。時間を作りまた訪ねます、と約束して来ました。

43

本家と分家の鋸屋根

愛媛県今治市

安野金網製造所の本家鋸屋根工場

年末ジャンボ宝くじ／サマージャンボ宝くじ、

まるで縁のない私ですが、こっそり当選したような出来事がありました。以前から訪ねたくて、計画を立てては実行できず、「どうぞ、私が訪ねるまで、その姿を消さないで下さい」と祈っていた場所です。そんな願いが届いたのか、広島方面の撮影依頼が入りました。

「当選しました」。思わず声に出してしまい、仕事の依頼人に不思議？がられてしまいました。

広島の仕事を終え、岡山より瀬戸大橋線で、四国、今治市に入りました。このルートは私には、お気に入りの路線なのです。

目的地は別府、ＪＲ予讃線の大西駅と亀岡駅の中間くらいのところの町です。予讃線に乗る予定でしたが、時間が合わず、今治駅よりバスで移動しました。後で気が付いたのですが、バスは本数が少なかったのです。バスに揺られ約20分、別府下車です。国道沿いの停留所周辺には、店もなく人影もありませんでした。目印は予讃線、国道から民家の見える畦道に向かうと、出迎えて下さいました。「鋸屋根工場」です。

木造平屋建て8連の鋸屋根です。想像していた以上に手入れがなされ、驚きました。訪ねてさらに驚きました。なんと本家と分家の鋸屋根があるのです。私が調べていたのは「安野農具製作所／唐箕工場」の鋸屋根。それは本家で、この鋸屋根は「安野金網製造所」で、分家ということでした。戦後この場所に移転して継ぎ足し昭和28年竣工した8連の鋸屋根工場で、5年前に屋根瓦を新しくしたそうです。訪ねた時は昼休みで、職人さんや工場主にも会えませんでしたが、織物とは全く関係ない、本家と分家の鋸屋根、不思議な気持ちでした。話をして下さった留守番のお婆さんとお爺さんにお礼を言い、本家を目指しました。

畦道を抜け数分、前方に予讃線の線路が見え、手前に本家の木造平屋建て10連の鋸屋根が現れました。

本家「安野農具製作所／唐箕工場」は昭和13年ごろの建築、木造平屋建て10連の鋸屋根工場です。

唐箕とは、籾摺りをした後、玄米といっしょになって混ざっている籾殻や藁屑を、風力を利用して選別する農具のことをいいます。昭和30年代ごろまでは農家の必需品として重宝がられましたが、機械化が進み、農家人口が減るにしたがい、姿を消してしまったそうです。唐箕そのものは、江戸時代の中ごろからあり、各地域にその大工職人がいたそうです。

安野唐箕発祥の地、大西町別府にも、文化年間

本家の鋸屋根工場

分家の鋸屋根工場

ごろ、安野徳五郎という名大工がいて、その子孫が安野農具製作所に引き継がれたそうです。こうした職人技が後に、農業技術の進歩に影響を与え、農業の近代化に果たした役割は大きいのです。

訪ねた時、工場は倉庫に使用されていましたが、しっかり大地に根付いていた鋸屋根は、多分、今も変わらぬ風景と職人たちの魂を引き継いで、たたずんでいるように私には見えました。念願かない鋸屋根と会話し、ふと時計を見て思い出しました。バスです。すでに遅し、2時間は来ません。鋸屋根に魅せられた私でした。

44

今治タオルも鋸屋根から

愛媛県今治市

今治市内に残る鋸屋根

本家と分家の鋸屋根に夢中になり、バスに乗り遅れた私は、今治駅を目指して歩くことにしました。

のどかな田園風景を歩くこと約20分、2連3連の小さな鋸屋根を、3棟発見しました。尋ねたところ、2棟は倉庫に使用され、1棟は個人名のタオル工場でした。かつて、この周辺にもタオル工場がかなりあった、という話でした。

今治地方は、近世中期から、木綿の栽培と綿織が盛んとなり、江戸時代は、実綿と白木綿を交換する方法「綿替木綿」が盛んとなり、これにより今治の木綿は、伊予の「白木綿」と呼ばれ、名声を得ていたのです。今治タオルの歴史は、明治27年に阿部平助氏が、綿ネルに機械を改造して、タオルの製造を開始したことから始まり、現在、今治のタオルは全国生産の60％以上を占め、日本一を誇っているのです。駅には「今治タオル／縫製マップ」があり、私はかなりの鋸屋根に出合えるのでは、と期待をしていました。

現在の今治駅は、昭和62年鉄道高架事業が始まり、駅周辺は整備され、工場なども建て替えられていました。市内には、鋸屋根工場は残っていないと言われましたが、見つけました。横長4連の鋸屋根です。現在は乾物屋の倉庫に使用されていました。尋ねたところ、「詳しいことは知らないけれど、子供の頃からあった工場で、この辺にもたくさん工場があり、煙突とギザギザ屋根なら工場に決まっていたからね、今はコンピューター導入の機械だから、こういう屋根はほとんど取り壊

されたようだよ」と話して下さり、内部も撮影させていただきました。煙突とギザギザ屋根、もう一カ所、昔懐かしい商店街を発見しました。わたしの育った町にもあった「大衆食堂」。開店したら寄っていこう。ホッとした場所でした。

話が飛んでしまいましたが、歩くこと約2時間、途中で鋸屋根を発見し喜んでいましたが、駅までは遠いよと言われ、考えてしまった時、例の2間待ちのバスが見え、結局、そのバスで今治駅に戻りました。

「タオル」。この語源は、スペイン語のトアーリャ／Toalla か、フランス語のティレール／Tirer からきた言葉だとされ、もともと浴布といった意味です。現在は布面にパイルを持つテリー織のことをタオルと呼んでいるのです。世界初のタオルは、エジプトでリネンテリーのような織物が、紀元前2000年ごろ墳墓から発見されており、その後、盛んな入浴の習慣があった古代ロー

大三乾物使用の鋸屋根

むかし懐かしい商店街

マでも、バスタオルのようなものが使われたいたそうです。日本初のタオルは、明治13年ごろ、大阪の井上コマが手織り機で織り、テリーモーションによる機械での製織方法は、明治20年、中井茂右衛門により完成したそうです。

「タオル」にこれほどの歴史があるとは、やはり先人の知恵と技には脱帽です。と同時にスイッチONですべて機械任せの現代社会、便利だからと口実つけず、物を見る、触れる、考える、そして作ってみる、この挑戦を忘れてはいけません。今夏の日本列島は、酷暑、このタオルにお世話になり、感謝申し上げます。

45

土佐の偉大な鋸屋根

高知県奈半利

藤村製絲株式会社の鋸屋根

土佐・高知県東部地方、奈半利町の石垣塀を眺め、感心しながら歩いて行くと大きな蔵が見えました。昭和23年設立の、奈半利町農業共同組合の倉庫として利用されていた蔵でした。建設年代は昭和13年、妻面は腰壁に下見板張り、土佐漆喰の壁に水切り瓦、明かり取り用の窓に鉄製の扉が付けられていました。

　奈半利町を歩いて感じたことは、どの家も意匠の中に風格をたたえ変化に富み、味わいのある造りで、地域性豊かな特色をよく伝えていました。附属屋の蔵は主屋と同様の仕上げで、土佐の民家特有の風格を漂わせていました。

　さらに歩いて行くと、さらに大きな蔵が見えてきました。土佐漆喰の壁に水切り瓦を6段付けた立派な蔵です（訪ねた日は粗大ゴミ収集日だったのか？蔵の前は山積み）。蔵の横に門柱があり、「藤村製絲株式会社」とありました。私は大きくうなずき、「ああ！ここだ」と叫んでしまいました。思っていた以上の歴史が漂っていました。「工場はおるけど、のこぎり屋根ばあ、おったかな」と地図を書いてくれたおじさんの言葉が甦りました。「絶対おる」。なぜか確信した私は蔵に一礼し、事務所を訪ねました。あいにく社長さんは留守でしたが、事務の女性が快く応対して下さり、工場の内部も案内して下さいました。

　大正6年創業の四国で唯一の製絲会社です。先代は藤村米太郎。この人物は、まさに土佐人、ただもので

藤村製絲の土佐漆喰の壁に水切り瓦を付けた蔵

はない偉いお人なので、少し紹介します。

喜永5年（1852）藤村勇次氏の長男として奈半利町に生まれる。若い頃から起業意欲が旺盛で、製紙業や酒造業に手をつけ、後に樟脳製造会社を興し、次第に富をなし製材業、鰹漁業を行った。明治43年藤村捕鯨株式会社を設立し、ノルウェー式の銃殺捕鯨業を営み、巨利を得た。大正6年には藤村製絲株式会社を、昭和2年には藤村商船株式会社を興し、藤村王国を発展させた。昭和9年1月28日没（享年83歳）。『土佐／人物ものがたり』の歴史書に掲載されている、偉い人なのです。

藤村製絲工場の内部（鋸屋根）

私の来訪の目的を事務の女性に話すと「ああノコギリみたいな屋根なら奥ですよ」と案内され、工場を見上げると鋸屋根です。許可を得て屋根に上ると、姿を現してくれました。立派な4連木造の鋸屋根です。しばし私は釘付け状態でした。

専門的なことは分かりませんが、古い見取り図や建築年代に関しての資料がありますから、と教えて下さいました。

石堀‥（明治32年築）奈半利の石塀は丸石と赤土を積み上げたものと、浜石を半割にして小口をみせたものの2種類がある。石塀の厚さは約50㎝あり、上部に水の浸透を防ぐため瓦屋根を置いている。

西蔵‥（明治32年建設）旧酒蔵を移築、繭倉に使用されたいた。土佐漆喰壁で下見板張り6段水切り瓦乾燥場。

倉庫‥（昭和初期建設）東南約44m南北9、5㎡階建て木造建築切妻造り桟瓦葺。繭の保管庫に使用されていた。小屋組は天井を張らず斜材を用いたトラス工法で作られている。

再繰工場／鋸屋根‥（昭和初期建設）詳しい記録なし。年中均等な光を取り入れるためのもの。天井板がなく、斜め材を用いた骨組。

東蔵‥（明治32年頃建設）平屋建て、繭蔵として使用されていた。長さ約20m、幅8m、東側にあるためか風向を考えて寄棟造り桟瓦葺になっている。腰部分は押縁付き下見板張り、水切瓦なしの土佐漆喰壁。

南倉庫‥（不明）長さ約40m

その他‥現在不明もしくは取り壊したと思われるが、古見取図には林業倉庫、繭倉庫、副蚕倉庫、副蚕場煮繭場、再繰工場、乾燥室などが記載されていました。

現在、工場は操業を停止し、外国で操業しているそうですが、現在の社長さんは、先代が築き上げてきた歴史を奈半利の歴史遺産、近代化遺産としてできる限り残していきたい、と話されたそうです。嬉しい話です。こういう人物が大物なのです。

46

熊本紡績を訪ねて

熊本県

旧熊本紡績工場（明治27年建設）

熊本には、仕事で数回訪ねている私ですが、限られた時間内に、必ず見て帰る場所があります。

一つは、ＪＲ熊本駅にある大正３年（１９１４）建設のれんが建物「熊本駅機関庫」です。しばらく、ボーッと、ひたすら眺めていると、産業革命発祥地のイギリスに来たかのような気分になります。その後、時計とにらめっこしながら、駅の近くに立つ、高い屏から2～3連、頭を出している鋸屋根を見ながら、次回は時間を取り訪ねよう、と毎回思っていた鋸屋根工場があります。

鋸屋根工場は、明治27年（１８９４）建設の、旧熊本紡績です。当時の熊本は、新しい産業を興そうという意欲にあふれていた時期で、紡績という当時では最先端の工場を、経済界の有志たちが発案し、建設したそうです。明治の文明開化を象徴するれんが造の工場は、目にも鮮やかな赤れんがです。紡績業は、かつて日本の産業革命をリードした産業です。全国に数多く建設された綿糸紡績工場も、明治20年代のものはほとんど現存していません。そのため、貴重な産業遺産なのです。その後、工場は、九州紡績㈱熊本工場⇩鐘淵紡績㈱熊本工場⇩日華護謨工場㈱熊本工場⇩月星化成㈱熊本工場として、１００年以上にわたり、熊本駅の近くにあって、現役工場として活用されてきました。

紡績工場を引き継いで、ゴムはきもの製造工場として使っている、月星化成の高い屏の中に

JR 熊本駅機関庫

ある鋸屋根、私の頭の中は想像で、はち切れそうでした。3年前の早春、そんな私に連絡が入りました。産業考古学会の知人から紹介していただいた崇城大学の磯田先生でした。「月星化成を見学するなら、なるべく早く来て下さい。案内します」なんと運の良い私は、再び熊本を訪ねてきました。

連続して伸びる長いれんがの屏と、工場のほぼすべてがれんがで、全くもって驚きの連続でした。明治の香り漂う大規模れんが工場群を眺めていると、かつての熊本経済人の心意気が伝わってきます。明治の熊本を象徴する、素晴らしい建造物です。この敷地には他にも紡績工場時代の建物があります。旧熊本紡績電気室は、明治27年建設の赤れんが造です。紡績工場特有の塵突もれんがです。塵突とは工場内の綿埃を排出する煙突のことです。旧鐘淵紡績診療所は、明治41年建設の木造平屋建で、西

紡績工場・鋸屋根の内部

洋と日本との出合いを感じさせる洋風建築です。

事務所は、明治45年建築の木造2階建です。こちらも洋館風で紡績会社が国の産業を牽引していた事を物語るような、品格を感じました。カラー写真で紹介できないのが残念です。もっと残念なことは、取り壊され、この写真だけが残されました。

3年前「なるべく早く来て下さい」と連絡を受け駆けつけた時、解体予定を知りました。磯田先生たちは、１００年前の明治の熊本に思いをはせ、地域の将来を考えようという目的で、工場の見学会を企画したり、明治の香り漂う、熊本を象徴するれんが造工場群の保存活用に取り組んできました。

活動の甲斐なく取り壊しが進んでいた中、人々の執念が一つの成果をもたらしました。まさに解体寸前、熊本学園大学が地元の文化や歴史を大事にしたいと、旧熊本紡績電室を譲り受け、学園の敷地内に移築再生しました。現在は「熊本学園大学産業資料館」として生まれ変わり、一般公開されています

都市計画には犠牲が付き物ですが、後世に残されていくべき建物です。忘れるな！です

47

生活の本質を伝え残すために

福岡県久留米市

野村織物（創業明治31年）

佐賀県

に、撮影の仕事で滞在していました。

もちろん、ただでは帰る気もなく、以前から訪ねてみたかった「久留米絣」の鋸屋根工場を探し、少々苦労しましたが、発見してきました。やはり市の観光協会などでは、まったく情報はつかめず、織物協同組合を訪ね、一件の情報をもらうことができました。組合の人が「その工場は古いから、私たちよりいろいろ知ってるかもしれないよ」と教えてくれました。

またしても、高鳴る興奮を抑さえ、佐賀での仕事を、さっさ?と終わらせ宿に戻りました。さっそく電話をかけ訪ねたところ「いいですよ、どうぞ、話は来てからにしたら」と穏やかな口調で、行き方まで教えて下さいました。おおらかで温和な社長さんだなあ、どんな工場だろう、などと思いながら久留米駅からバスに乗り、約30分で目的地に着きました。国道沿いを数分歩き、細い道に入ると、ガチャガチャと機織りの音が聞こえてき

久留米絣を織る（鋸屋根内部）

ました。もう私の心臓はドキドキ、ありました鋸屋根！3連の木造建築です。昨夜の雨で、しっとりとたたずんでいました。

創業は明治31年、祖父の代より絣と藍染め一筋という四代目の社長さんから、お話を聞くことができました。普通の人は、この絣と藍染めについて見学に来るのですが、建物について尋ねる人は、とても珍しい、と言われてしまいましたが、久留米絣の鋸屋根工場は日本の織物産業を築き上げてきた、産業遺産であるなどと話しましたら、「あなたの好きなように、撮影していって下さい。終わったらお茶でも飲んでいって下さい」と言われ、このおおらかさに、恐縮の私でした。

久留米絣の鋸屋根も、以前は周辺にかなりあったということですが、台風で消失したり、手間のかかる絣と藍染めは、事業として成立させるには、今日の社会では難儀があり、操業を停止してしまった工場が多い、と話していました。そして

藍染めの作業に使われたかめ

社長さんは言いました。「だからこそ、私たちが少しでも杭になって、この失われつつある「生活の本質」を次代に伝え残したい、その一心ですよ。木綿の持つ素材感と、手仕事ならではの温もりのある生活感が、いままた見直されつつあります。これからもいにしえの知恵と技を土台に、この「自然の恵み」と、温かな「人の生活」、つまり生き方の本質をそっくりと生きる、その方法とその至福ですね。次にまた何かを残せるとしたら、木綿のように野太く、しなやかに暮らすこと……。」

「これしかないでしょうね。あなたも撮影しながら、何かを残し伝えたいのでしょう。私は先人から受け継いだ伝統の技法に、今日の生活感を取り入れて、本物の文化を積み重ねて行きたいと思っていますよ」と、穏やかな口調で、力強いお話をして下さいました。頭が下がる思いと、私にはなによりの人生勉強になった、久留米の旅でした。

48

久留米絣の創始者「井上伝」

福岡県久留米市

工場の内部（鋸屋根）

久留米

絣は、筑後地域一帯でできていた綿織物で絣糸《かすりいと》を使って織られる綿織物です。

久留米と付いているのは、筑後地域を治めていた久留米藩（有馬藩）の特産物として作られ、「久留米絣」として流通していたためです。久留米絣の創始者は、どういう人物だったのか。「井上伝」という女性が江戸時代に考案したといわれています。井上伝は久留米市に生まれ、7～8歳の頃から木綿を織り家計を助け、12～13歳の頃には大人も及ばぬ織り手となったそうです。

ある日、お伝は着古した木綿織りの色褪せたところに、白い斑点ができていたのに気付き、早速その布をほどいてみます。ほどいた糸の白い部分を参考に、同じような斑点模様が出来ないか試みます。糸を別の糸で括り、括った糸を藍で染めて、その括った部分をほどき、機で織ってみると織り上がった布には、一面の白い斑点模様が現れたそうです。これが久留米絣の発端といわれ、お

久留米絣の鋸屋根工場

伝はこの織物を「加寿利／かすり」と名付けました。これが世間で好評となり、伝の元には多くの弟子が集まり、伝は指導に力を注ぎました。その後、さまざまな人たちの技術を取り入れながら、久留米絣独特の大胆な柄や小柄模様などが生まれています。

　久留米絣織元・野村織物さんを9年振りに訪ねた後、勘を頼りに歩き、綺麗に咲くコスモスの間から、鋸屋根を発見し訪ねて来ました。見事なコスモスをかきわけて行くと、木造1連の鋸屋根が姿を現しました。犬に吠えられながら訪ねると、野村織物さんの親戚でした。撮影の許可をもらい工場内部に入ると、無心に機織りをする女性がいました。まるで井上伝の血が流れているかのようで真剣な表情で、目と手は微妙なリズムで動いていました。なかなか声を掛けられない私に目で合図をして、手を止めてくれ、少しだけ話をうかがえました。

　久留米絣は手織りと機械織りがあります。手織りは織り手の加減によって糸の打ち込み具合が変わり、足踏みの強さで、経糸《たていと》の送り具合を調整して織っていきます。強すぎても、弱すぎても柄合わせがうまくいかないので、経験を積んで織り上げます。機械織りは、均一な織りながら量産できるので、コストが抑えられます。糸巻きも手織りのものとは違い、あらかじめ布幅に合わせた「トング」と呼ばれる糸巻きに糸が巻かれています。トングを右に左に、機械によって動かすことで、次々と布が織り上がります。忙しく動く機械の傍では人が付き添い、糸調子を合わせていきます。だから目は離せないし、手も休めません。久留米絣の特徴は絣糸を経糸のみに使ったものを緯《よこ》絣と呼び、縦糸・緯糸の双方に使ったものを経緯《たてよこ》絣《かすり》といいます。

　経絣は縦の、緯絣は横の柄を合わせて織っていきますが、経緯絣は縦・横双方の柄を合わせてい

久留米絣を無心に織る女工さん

くので難しくなります、と淡々と話すと再び、ガシャンガシャンと機械織りが始まりました。私の頭の中は、糸の読み方や織り方で正直申して、良く理解できず恐縮でした。必死で書いたメモ帳は、後で整理して再確認します。職人のもつ経験と技は奥が深く難しいです。工場に一礼し、まだ残っている鋸屋根の探索を続け歩き始めました。

49

藍染は「日々勝負・日々勉強」

福岡県久留米市

藍染を始めた二代目（息子さん）

久留米

絣の製作工程は、藍染め手括りで行う場合や、機械織り、機械括り、科学染料染による場合によっても違いがありますが、どの久留米絣でも共通しているのは、絣糸を使った先染めの織物ということです。

藍は色の名と思いがちですが、植物の名前です。世界中にはさまざまな藍草がありますが、日本で主に使われているのは、タデ科の1年草、藍という草です。藍の葉を醗酵させ、染料を作り染め上げたものが、藍染です。

八女郡広川町には、今でも昔ながらの製法を受け継いでいる藍染絣工房が数軒あります。

今回は事前に連絡をして訪ねてきました「藍染絣工房」四代目・山村健さんの工房です。

訪ねると優しい笑顔で迎えてくれたのは、山村さんの奥さんでした。「今日は晴天なので、主人は糸干し場に出かけています。すぐ近くですから行きますか」と車で案内してくれました。久留米絣の主な工程には、染めの後「絣解き」「天日干し」があります。天気の良い日に、干し場と呼ばれる場所で糸を干すのです。

干し場は広く、何十mもある長い糸を村山さんは干していました。その光景は天晴です。曇りの日でも風があれば乾きますが、糸束が多い場合は乾きにくいので、今日のように天気の良い日に天日干しをします。すぐ工房に戻りますから、と笑顔で迎えてくれました。自然に囲まれた干し場には、イヌタデの濃いピンク色の可憐な花が咲いていました。毎日見ていても可愛い、と奥さんは微笑んでいました。

奥さんと先に工房に戻ると「主人が戻るまで、息子が藍染めをしていますから、どうぞ見て下さい」と案内してくれました。藍甕のある神聖な工房に、いとも簡単に入り込んでいいものなのか、などと思いながら中に入ると、糸を絞るときの竹がミシミシしなる音がし、染め➡絞り➡叩く作業を無心にこなしていました。

息子さんの姿を見て私は以前、刃物師、左久作3代目を訪ねた時の言葉を思い出しました。

「技は修、破、離」と弟子たちに伝授した先人の言葉です。職人の家に生まれ、師匠は父親。私も父から多くの技を頂戴していますが、すべてではありません。多くの技は自分で工夫し、補完しなければなりません。毎日が努力です。職人は皆「誠実」に仕事をします。

糸干し場から戻った山村さんは「息子が藍染は面白いからと始めました。かなり苦戦していますが楽しみですよ」と跡継ぎができ、安堵の顔でした。藍染は空気に触れることによって藍色になります。空気に触れないと藍色にはなりません。糸を染める時は藍液に浸した糸を絞り糸をたたいて空気に触れさせます。これを1回として染めを繰り返します。藍色は染めの回数によって濃淡が決まります。素人目には分からない藍色の染め具合も、今日はよくできても、明日もうまくできるとは限りません。植物染料の発酵具合ですから、日々勝負、日々勉強ですね、と職人顔でした。

私にはセンスがなく古い家ですが、家内がいろいろと内装したのでお茶でもどうぞ、と案内されました。土間だった場所に

藍染絣を織る山村さんの奥さん

二人三脚の山村夫婦

は手織り機があり、奥さんは実演してくれました。これは目の錯覚を利用して立体感を出した幾何学的なデザインです、と山村健さん自慢の絣も見せてくれました。私の知る久留米絣とは違い、斬新で夢のある藍染絣でした。

奥さんは「このモンペを着ると他にはない肌触りで気持ちがよくて、人気あるのよ」と二人三脚で羨ましい夫婦でした。部屋には野花と藍染絣の反物や小物が綺麗にディスプレイされ、奥さんの愛情が溢れていました。久留米絣はすべて自然素材、その魅力を知ってもらおうと山村さんは積極的に染めや織りの体験講演など行っています。

やがて5代目を継ぐであろう息子さん「技は修、破、離」。また訪ねます。山村ご夫妻、ありがとうございました。

［参考資料］

　私の鋸屋根の撮影は、１９９８年から始まり、現在も続いています。写真に収めた鋸屋根は、２０００棟以上になります。私が訪ね歩いた場所と撮影した棟数を書き出しました。すでに取り壊された工場もありますが、参考にしてください。

撮影地域	棟数	備考（特徴など）
［東北地方］		
宮城県栗原市	なし	鋸屋根ではないが、若柳地織はベルト織機（トヨタ式）を使用。
福島県伊達郡川俣町周辺	30棟以上	川俣羽二重や絹織物が有名
会津若松市	なし	鋸屋根ではないが、会津木綿はベルト織機（トヨタ式）を使用。
郡山市	2棟	郡山駅近くに大規模な日東紡績がある。
［関東地方］		
茨城県結城市	なし	結城紬工場がある。
栃木県足利市周辺	30棟以上	足利銘仙
小俣町・松田町周辺	50棟以上	木造・漆喰壁が多い。
佐野市周辺	20棟以上	
東武動物公園駅	1棟	駅の近くにある。
群馬県桐生市	２８０棟	現在も２３０棟近くあり、木造・石造・れんが造と美しい。
伊勢崎市	30棟以上	
高崎市	1棟	旧新町紡績所
富岡市	1棟	変形屋根の鋸屋根（消失）
吾妻郡中之条町	3棟	町内にある光山製糸工場は美しい鋸屋根（消失）

埼玉県本庄市	1棟	市内にある大規模な鋸屋根工場は富士機工（消失）
蕨　市	3棟	
入間市	1棟	ベルト織機使用の細芳織物
秩父市	20棟	秩父銘仙、小さい2～3連の鋸屋根
東京都台東区谷中	1棟	千代田リボン工場は明治43年建築の鋸屋根（消失）
八王子市～高尾	80棟以上	
青梅市～奥多摩	60棟以上	小さい工場が多いが、昭和を感じる町
山梨県大月市 都留市	30棟以上	東京から中央線で奥多摩を過ぎると大月から都留市に少しある。
［中部地方］		
長野県上田市		シナノケンシには2連の鋸屋根を活用した資料館がある。
新潟県五条市	40棟以上	雪国にも鋸屋根はある。雪かきが大変。
［東海・北陸地方］		
静岡県富士吉田市	40棟ほど	屋根はほぼ赤色ペンキで塗られている。
浜松市 磐田市 磐田市福田町	30棟以上	2～3連の木造鋸屋根が多いが、グリーンや赤などのペンキで塗られ可愛い。
愛知県蒲原郡市内 三河二谷駅周辺	２５０棟以上	蒲郡市内を調査した中部産業遺産研究所の調べでは、３４０棟余りを確認している。
岡崎・刈谷・大府	20棟以上	
東浦～武豊（武豊線沿線）	80棟以上	武豊線沿線には黒塗りの鋸屋根がたくさんある。

一宮市（越周辺） 尾西市 祖父江（現稲沢市）	250棟ほど	名鉄尾西線沿線にたくさんある。尾張のこぎり調査団による調査では2500棟ほどと日本一の棟数である。
三重県四日市市周辺 桑名市	10棟ほど	四日市の四郷地区にある亀山製糸の工場は富岡製糸場を手本に建てられた。（鋸屋根は消失）
富山県高岡市戸出町 南砺市城端	40棟ほど	北陸らしい落ち着いた感じの鋸屋根である。
富山市 越中大門駅（射水市） 入善駅（下新川郡入善町） 泊　駅（下新川郡朝日町）	20棟ほど	この3駅には日東紡・東洋紡の大規模な工場がある。日本海側で見られる。
石川県金沢市	1棟	金沢紡績の工場を金沢市民芸術村として活用している。
小松市～明峰駅周辺	30棟以上	小松市の雪の水分が多いことから、のっぽの鋸屋根となる。
福井県鯖江市 越前市	30棟以上	福井鉄道福武線沿線にある。
勝山市	3棟	鋸屋根ではないが、「はたや記念館ゆめおーれ勝山」がある。
［近畿・中国・四国・九州地方その他］		
滋賀県近江八幡市 長浜市	10棟以上	湖西線、琵琶湖周辺にある。
京都市内	10棟以上	西陣にはないと言われるが、日本写真印刷(株)本社の敷地内には、赤れんが造鋸屋根がある。かつての京都綿ネルの工場であった。
京丹後市	1棟	丹後ちりめん歴史館は、鋸屋根工場の活用。

大阪府岸和田～東岸和田	80棟以上	阪和線沿線、車で回った方がよい。再開発でかなり取り壊されている。
泉佐野市周辺 泉南～貝塚 樽井 和泉府中	60棟以上	電車やバスを利用するとかなり歩くことになるので、車がおすすめ。小さい工場がたくさんある。
和歌山県和歌山市	5棟	
兵庫県西脇市滝野駅周辺 黒田庄駅周辺	30棟以上	織物が栄えた町だけあって、小さい工場がかなり残っている。
岡山県倉敷市茶屋町 井原線沿線 （井原・いずえ）	40棟以上	井原線沿線には、いまだ残っている。
広島県福山市～神辺周辺 尾道から向島	40棟以上	福山市内には2～3連の鋸屋根がある。
愛媛県今治市	10棟以上	今治タオルも鋸屋根工場
高知県安芸郡奈半利町	1棟	奈半利にある藤村製糸の鋸屋根（消失）
徳島県	1棟	日清紡
福岡県久留米市	10棟	藍染と久留米絣の工場を見学できる。
大分県大分市	1棟	西大分駅近くにフジボウの大規模な鋸屋根がある。
熊本県熊本市	4棟	JR熊本駅前にあったれんが造鋸屋根・熊本紡績（消失）
鹿児島県	なし	日本初の洋式紡績工場・鹿児島紡績所があった。
イギリス（イングランド北部）	50棟ほど	２００５年、短期間だが産業革命発祥地を訪ねた。

あとがき

私の撮影は1998年、群馬県桐生市から始まりました。西の西陣・東の桐生と呼ばれた織物産地だっただけに、鋸屋根は今（2015年）も230棟余りあります。

撮影する時は必ず持ち主を訪ねて、許可をもらい許される範囲で内部も撮影します。そんな時、ほとんどの持ち主は言います。「こんな汚いもの写さないで、花とか山とかもっと綺麗なもの写しなよ」。だから私も決まって言います。「鋸屋根は日本の産業を築き上げてきた、産業遺産の証です。私にとっては宝物です。いい顔していますよ」と。不思議な顔をされますが、数回訪ねると顔見知りになり、他人が知人に変わり、他県の鋸屋根に関する情報もたくさん得ました。

特に鋸屋根を長年調査している、野口三郎さんとの出会いは大きいです。建築家でもある野口さんからは鋸屋根の歴史を学び、発祥地であるイギリスへも同行しました。感動した鋸屋根は、1827年建設の「モスコウ・ミル」で、現在は歴史資料館とショッピングセンターにして保存と活用に取り組む姿を見て来ました。

日本の場合は、工場などは「古くて汚いものは取り壊せ」主義で再開発が進み、どこへ行っても同じような建物と街並みになっています。鋸屋根も例外ではなく取り壊され、姿を消しています。たとえ残っていても、それが何だったかを知る人も減少しています。

この1冊が奥の深い「鋸屋根」を知ってもらう手引きになれば幸いです。

２０１６年10月　鋸屋根に魅せられた写真家／吉田敬子

〈著者略歴〉

Photographer **吉田 敬子**（よしだ・けいこ）

1954年前橋市生まれ。東京工芸大卒。村井修氏に師事、1987年スタジオヨシダ建築写真事務所設立。2001年群馬県庁で写真展開催。日本の近代化を支えた産業遺産「鋸屋根工場」や各国に残る紡績・織物工場を撮影し続けている。日本建築写真協会 JAPS 会員。主な著作に『写真集 富岡製糸場』（2007年、発行 / 片倉工業、制作 / 上毛新聞社）がある。

のこぎり屋根紀行

発行日　2016年（平成28）11月12日

著　者　吉田 敬子

発行者　上毛新聞社事業局出版部

〒371-8666　群馬県前橋市古市町1-50-21

電話（027）254-9966

© 2016 Keiko Yoshida　Printed in Japan

本書の無断複写・複製・転写を禁じます。

落丁・乱丁本は小社出版部までお送りください。

送料は小社負担でお取り替えいたします。